맛있는 과학

디스커버리 에듀케이션
맛있는 과학—40 빅뱅·블랙홀·초신성

1판 1쇄 발행 | 2012. 5. 29.
1판 4쇄 발행 | 2018. 3. 11.

발행처 김영사
발행인 고세규
등록번호 제 406-2003-036호
등록일자 1979. 5. 17.
주　소 경기도 파주시 문발로 197(우10881)
전　화 마케팅부 031-955-3102 편집부 031-955-3113~20
팩　스 031-955-3111

Photo copyright©Discovery Education, 2011
Korean copyright©Gimm-Young Publishers, Inc., Discovery Education Korea Funnybooks, 2012

값은 표지에 있습니다.
ISBN 978-89-349-5628-0 64400
ISBN 978-89-349-5254-1 (세트)

좋은 독자가 좋은 책을 만듭니다. 김영사는 독자 여러분의 의견에 항상 귀 기울이고 있습니다.
독자의견전화 031-955-3139 | 전자우편 book@gimmyoung.com | 홈페이지 www.gimmyoungjr.com
어린이들의 책놀이터 cafe.naver.com/gimmyoungjr | 드림365 cafe.naver.com/dreem365

어린이제품 안전특별법에 의한 표시사항

제품명 도서　제조년월일 2018년 3월 11일　제조사명 김영사　주소 10881 경기도 파주시 문발로 197
전화번호 031-955-3100　제조국명 대한민국　⚠주의 책 모서리에 찍히거나 책장에 베이지 않게 조심하세요.

최고의 어린이 과학 콘텐츠
디스커버리 에듀케이션 정식 계약판!

Discovery EDUCATION

맛있는 과학

40 | 빅뱅·블랙홀·초신성

김지윤 글 | 김준연 그림 | 류지윤 외 감수

주니어김영사

차례

1. 우주를 이루는 것들

지구, 태양계, 은하 8

은하의 종류와 우리은하 10
- TIP 요건 몰랐지? 마젤란은하 13

태양계의 행성들 14
- TIP 요건 몰랐지? 수성의 낮과 밤의 기온 20
- TIP 요건 몰랐지? 운석구덩이는 왜 생기나요? 21

소행성, 혜성, 성단, 성운 22
- Q&A 꼭 알고 넘어가자! 24

2. 우주의 탄생

여러 가지 우주론 28
- TIP 요건 몰랐지? 지구의 모양은 어떻게 밝혀졌나요? 33

우주의 시작은 작은 점 34
- TIP 요건 몰랐지? 원자, 중성자, 양성자 38

우주의 수수께끼 39
- TIP 요건 몰랐지? 만유인력과 중력의 차이 43
- Q&A 꼭 알고 넘어가자! 44

3. 밤하늘의 별

    별의 특징 48

        TIP 요건 몰랐지? 별자리 52

    변광성이란 무엇인가요? 53

        TIP 요건 몰랐지? 변광성운 57

        Q&A 꼭 알고 넘어가자! 58

4. 별의 탄생과 죽음

    별의 탄생 62

        TIP 요건 몰랐지? 핵융합과 우리 생활 65

    별의 진화 66

    별의 죽음 71

        TIP 요건 몰랐지? 태양의 죽음 75

        Q&A 꼭 알고 넘어가자! 76

5. 블랙홀

    신비한 블랙홀 80

        TIP 요건 몰랐지? 블랙홀의 종류 87

    블랙홀의 내부 88

        TIP 요건 몰랐지? 화이트홀과 웜홀 93

        Q&A 꼭 알고 넘어가자! 94

관련 교과
초등 5학년 1학기 1. 지구와 달
초등 5학년 2학기 7. 태양계의 가족
중학교 2학년 6. 태양계, 7. 태양계의 운동

1. 우주를 이루는 것들

혹시, 텔레비전이나 과학 책 등에서 우주의 모습을 본 적 있나요? 작은 별, 큰 별, 노란 별, 파란 별까지 여러 별을 까만 바탕에 심어 둔 것처럼 매우 아름답습니다. 반짝이는 것은 모두 별일까요? 별 외에 또 어떤 것들이 있어서 이렇게 아름다울까요? 신비로운 우주에 대해 알아봅시다.

 # 지구, 태양계, 은하

우주에서 사람은 개미 같아요

개미는 매우 작은 곤충입니다. 사람이 보는 세상과 개미가 보는 세상은 사뭇 다를 것입니다. 지구에는 여러 나라가 있고, 비행기나 배를 타고 바다를 건너가야 하는 대륙도 있다는 사실을 개미는 모르겠지요. 설령 개미가 그 사실을 안다 해도 지구 전체를 구경할 수는 없습니다.

우주 공간에서 본다면 사람도 개미와 같습니다. 오히려 사람이 작은 점처럼 보여 지구에서 보는 개미보다 더 작아 보일지 모릅니다. 그래서 우리

수많은 별이 끝없이 펼쳐진 우주와 지구.

도 우주에 대해 단지 추측할 뿐 자세히 알 수는 없어요. 하지만 사람은 개미와 다르게 우주가 무엇으로 이루어져 있는지 짐작할 수는 있습니다. 작은 단위부터 큰 단위로 얘기하자면 우주는 지구, 태양계, 은하로 이루어져 있어요.

지구 < 태양계 < 은하

지구는 태양계에 속해 있습니다. 태양계란 태양을 중심으로 돌고 있는 행성들을 말합니다. 태양에 가까운 순서대로 행성을 나열해 보면 수성, 금성, 지구, 화성, 목성, 토성, 천왕성, 해왕성입니다. 예전에는 명왕성도 태양계에 속해 있었지만 2006년 국제천문연맹의 결정에 따라 명왕성은 태양계에서 제외되었습니다.

태양계가 속해 있는 우리은하의 모습.

이런 어마어마한 태양계는 은하라는 더 큰 집단에 속해 있습니다. 은하도 우리은하, 마젤란은하, 안드로메다은하, 왜소은하, 솜브레로은하 등 셀 수 없이 많습니다. 태양계가 속해 있는 은하는 우리은하예요. 우리은하에는 4,000억 개 이상의 항성이 존재하는 것으로 추측됩니다. 우리은하 같은 은하가 우주 공간에 수없이 많다니, 우주가 얼마나 큰지 짐작하기도 어렵습니다.

항성

자기 스스로 빛과 열을 발산하는 천체입니다. 대표적으로 태양을 들 수 있어요. 우리은하 안에는 항성이 4,000억 개 정도 있다고 추정돼 왔는데, 현재는 그보다 훨씬 많은 항성이 있으리라 추측됩니다.

 # 은하의 종류와 우리은하

은하수란 무엇인가요?

여러분은 '은하수'라는 말을 들어 보았나요? 은하수는 지구에서 보이는 우리은하의 일부분입니다. 처음에 사람들은 이 은하수가 무엇인지 몰랐습니다. 갈릴레이가 처음으로 망원경을 통해 은하수가 별들의 집단이며, 우리은하의 일부임을 밝혔지요.

하늘 한 바퀴를 휘감고 있는 은하수는 지구 어디에서나 볼 수 있습니다.

은하는 수천억 개의 별이 모인 것입니다. 그 별들이 지구에서 보면 한데 뭉쳐 있는 듯 집단을 이루고 있고, 이 집단이 밤하늘의 긴 강처럼 보여서 은하수라는 이름이 붙었습니다.

은하의 모양

우리은하는 옆에서 보면 중심 부분이 볼록한 원반 모양입니다. 그리고 위에서 내려다보면 나선형이지요. 우리은하는 크기가 무척 큽니다. 만약 가로로 우리은하를 통과한다면 무려 10만 광년이 걸립니다. 빛의 속도는 1초에 지구 일곱 바퀴 반이나 돌 정도로 빠른데, 가로질러 통과하는 데 10만 광년이나 걸린다니 정말 놀라울 정도로 크지요. 세로로 우리은하를 통과하려면 1만 5,000광년이 걸리며, 태양계는 우리은하의 중심에서 왼쪽으로 3만 광년 떨어진 곳에 있습니다.

그런데 우리은하 외에 다른 은하도 모두 나선형일까요? 은하에는 세 가지 모양이 있습니다. 나선

나선형

물체의 겉모양이 소라 껍데기처럼 빙빙 비틀어진 모양을 말합니다.

우리은하를 옆에서 바라본 모습.

나선은하의 하나인 UGC 12158의 모습.

타원은하의 하나인 Abell S740의 모습.

은하, 타원은하, 불규칙은하입니다. 지금까지 관측된 결과에 따르면 나선은하가 약 77%, 타원은하가 20%, 불규칙은하가 3% 차지합니다.

나선은하는 정상나선은하와 막대나선은하로 나뉩니다. 정상나선은하는 은하의 중심에 막대 모양이 없는 것, 막대나선은하는 은하의 중심에 막대 모양이 있는 것을 말합니다. 우리은하는 막대 모양이 없는 정상나선은하에 속합니다.

타원은하는 납작한 타원 모양입니다. 밝기는 원 안에 고루 퍼져 있고, 중심이 가장 밝으며, 바깥쪽으로 갈수록 어두워집니다. 불규칙은하는 일정한 모양이 없이 자신만의 독특한 모양을 띠고 있습니다. 마젤란은하가 불규칙은하의 대표입니다.

불규칙은하의 하나인 NGC 1427A.

마젤란은하

소마젤란은하(왼쪽)와 대마젤란은하(오른쪽). 마젤란은하는 대표적인 불규칙은하다.

 마젤란은하는 마젤란운이라고도 합니다. 마젤란은하는 대마젤란은하와 소마젤란은하를 통틀어 말하는데, 우리은하에서 가장 가까운 은하입니다. 이 은하는 포르투갈의 마젤란이 최초로 세계 일주를 한 것을 기념하기 위해 붙인 이름입니다. 마젤란은하는 우리나라에서는 보이지 않는답니다. 마젤란은하는 대표적인 불규칙은하로, 우리은하에서 거리가 가깝기 때문에 다양한 우주의 별, 가스와 성간물질에 대해 여러 가지 정보를 줍니다.

태양계의 행성들

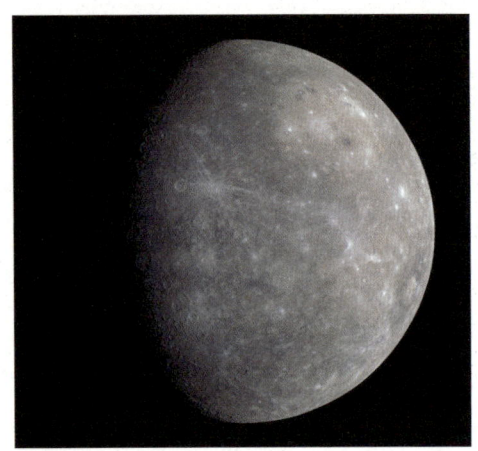

태양과 가장 가까운 행성인 수성.

은하 안에는 무엇이 있을까요? 수천억 개의 별이 모여서 은하가 된다는 사실은 앞에서 이미 살펴보았습니다. 은하 안에는 별 외에 다른 것들도 있어요. 그것이 무엇인지 우리은하를 예로 들어 알아보아요.

우선 우리은하 안에는 사람이 살고 있는 지구가 있습니다. 지구는 은하 안에서도 태양계에 속합니다. 태양을 중심으로 돌고 있는 행성들의 집합이 바로 태양계이지요. 그렇다면 태양계에는 어떤 행성들이 속하는지, 또한 그 행성들의 특징은 어떤지 간략하게 살펴보아요.

태양을 중심으로 도는 행성들

태양과 가까이에 있는 순서로 행성을 나열해 보면 수성, 금성, 지구, 화성, 목성, 토성, 천왕성, 해왕성입니다. 이 행성들을 태양과 가까운 순서대로 차근차근 알아봅시다.

지구와 크기가 비슷한 금성.   가장 아름다운 행성인 지구.

  태양과 가장 가까이에서 돌고 있는 수성은 우리가 매일 밤 보는 달과 매우 비슷한 모양입니다. 표면에는 많은 구덩이가 파여 있어요. 우주에서 들어오는 운석이 그대로 수성의 표면에 푹푹 박혔기 때문입니다. 또한 수성에는 공기와 물이 없고, 태양과 가깝기 때문에 낮 동안에는 기온이 높이 올라갔다가 밤이 되면 뚝 떨어집니다.

  수성 다음의 행성은 금성입니다. 금성은 지구에서 관찰할 때 매우 밝게 보입니다. 지구와 가까이에 있고, 대기가 이산화탄소로 이루어져 있어서 더욱 반짝이기 때문이에요.

  금성 다음에 있는 행성은 우리가 살고 있는 지구입니다. 지구의 가장 큰 특징은 물이 있고 생물이 살고 있다는 점입니다. 다른 행성에도 생물이 살고 있는지 찾고 있지만 아직 밝혀지지 않았습니다. 현재까지는 지구가 생물이 사는 유일한 행성인 셈입니다.

화성.   목성.

　지구 다음의 행성은 화성입니다. 지구에 북극과 남극이 있듯이 화성도 양극에 극관이라고 불리는 큰 얼음이 있습니다. 지구의 북극에 있는 빙하처럼 겨울이 되면 화성의 극관이 커지고 여름에는 작아집니다. 그래서 화성의 계절이 어떻게 변하고 있는지 알 수 있지요. 또한 화성에도 화산이 있답니다.

　화성 다음의 행성은 목성입니다. 행성 가운데 가장 크고 가로줄의 무늬가 있습니다. 이 줄무늬는 목성이 빨리 자전하기 때문에 생긴 것입니다. 표면의 붉은 점이 목성의 또 다른 특징입니다.

　목성 다음의 행성은 토성입니다. 토성은 아름다운 고리를 가장 많이 가진 행성입니다. 예쁜 색들의 띠가 토성 주위를 돌고 있어요. 그리고 만일 토성을 담을 수 있을 만큼의 큰 수조를 만들어 물을 채우고 토성을 넣는다면 토성도 물에 뜬다고 합니다. 우리가 스티로폼을 물에 띄우면 위로 뜨듯이 말이지요.

　토성처럼 큰 행성이 물에 뜰 수 있는 이유는 무엇일까요? 그것은 토성의

수성, 금성, 지구, 화성의 크기 비교

밀도가 물의 밀도보다 작기 때문입니다. 밀도란 물질을 같은 크기만큼 잘라서 질량을 쟀을 때 어느 쪽의 질량이 더 큰지 비교한 값을 말합니다. 나무와 철을 같은 크기로 잘라서 무게를 재 보면 어느 쪽이 더 무거울까요? 철이 더 무겁겠지요. 따라서 나무보다 철의 밀도가 더 높다고 할 수 있습니다. 밀도가 클수록 아래로 가라앉고, 밀도가 작을수록 위로 뜹니다. 그렇다

메탄가스

생명체나 각종 유기 물질이 썩으면서 나오는 기체로, 미생물의 작용에 의해 만들어집니다. 생물체에 의해 만들어지는 가스라는 이유로 바이오가스라고 부르기도 하지요. 쓰레기 매립장에서도 메탄가스가 발생합니다.

공전궤도

한 천체가 다른 천체의 둘레를 주기적으로 도는 길을 가리킵니다. 서로 끌어당기는 힘의 중심을 초점으로 하는 곡선 모양입니다.

면 토성의 밀도는 어느 정도일까요? 토성의 밀도는 1보다 작습니다. 물의 밀도가 1이므로 토성의 밀도가 1보다 작아야 물 위에 뜰 수 있겠지요.

천왕성과 해왕성은 태양에서 아주 멀리 있는 행성입니다. 둘 다 메탄가스 성분이 대기에 있어서 관찰하면 푸른색으로 보입니다. 천왕성의 특징은 공전궤도와 자전궤도가 거의 같다는 점입니다. 다른 행성의 공전궤도와 자전궤도가 거의 직각을 이루는 데 반해 천왕성은 평행을 이룹니다. 천왕성은 스물일곱 개의 위성을 가지고 있고, 열세 개의 고리가 있습니다.

해왕성은 태양계 가장 바깥쪽에 있는 행성입니다. 해왕성은 표면에 검은색 점이 있어요. 이 점을 대흑점 또는 대암점이라

천왕성.

해왕성.

부릅니다. 하지만 사실 대흑점은 점이 아니라, 이 부분의 대기가 옅어서 우리에게 점으로 보일 뿐이라고 추측됩니다.

마지막으로 태양계의 중심인 태양을 살펴볼까요? 태양은 행성이 아닌 항성입니다. 어째서 태양을 항성이라고 부를까요? 항성은 스스로 빛을 내는 천체를 가리킵니다. 따라서 태양계에서는 유일하게 태양만이 항성입니다. 나머지 행성들은 모두 태양의 빛을 받아 반사해 빛을 내기 때문입니다.

태양.

수성의 낮과 밤의 기온

지구에는 공기가 있지만 수성에는 공기가 없습니다. 그래서 낮과 밤의 온도 차이가 지구에서보다 훨씬 큽니다. 태양은 낮에는 우리와 마주 보고 있어 빛과 열을 주지만 밤에는 반대편을 비추어요. 이때 공기가 낮 동안의 열을 잡아 둠으로써 우리는 밤에도 어느 정도 기온을 유지할 수 있습니다. 또한 낮에는 공기가 열을 막아 주어 생물이 타 죽거나 말라 죽는 것을 막아 준답니다.

하지만 수성에는 공기가 없기 때문에 햇빛이 비칠 때는 열을 막아 주지 못하고, 해가 사라지면 잡아 놓은 뜨거운 열이 없어서 낮과 밤의 온도 차이가 매우 큽니다.

 요건 몰랐지?

운석구덩이는 왜 생기나요?

운석구덩이가 생기거나 생기지 않는 것도 공기가 있는지 없는지에 따라서 결정됩니다. 운석은 우주에 떠다니던 작은 덩어리가 행성 주변을 날아다니는 것입니다. 이 운석이 중력을 받아서 행성으로 끌려 들어가게 되어 지표에 생기는 둥근 구덩이가 운석구덩이입니다.

그중 공기가 있는 행성의 경우는 공기와 운석과의 마찰로 운석의 표면이 불타게 됩니다. 이것이 우리 눈에는 별이 빠르게 움직이는 것처럼 보여요. 우리가 별똥별이라고 부르는 것이 바로 이것입니다. 과학 용어로는 유성이라고 하지요.

하지만 공기가 없으면 마찰에 영향을 받지 않고 운석이 자기 형태를 그대로 유지한 채 엄청난 속도로 땅에 떨어집니다. 그러면 운석이 떨어진 자리에 구덩이가 생깁니다. 달에도 대기가 없어서 운석구덩이가 많이 있어요. 이 운석구덩이로 인해 옛날에는 달에 토끼가 산다고 생각했습니다. 운석구덩이가 이룬 모양이 토끼와 닮았기 때문입니다.

둥근 운석구덩이.

소행성, 혜성, 성단, 성운

혜성. 얼핏 보기에는 별똥별과 비슷하다.
ⓒ Philipp Salzgeber@Wikimedia Commons

지금까지 살펴본 태양계가 우리은하의 전부는 아닙니다. 태양계는 우리은하 중심에서 단지 왼쪽으로 3만 광년 거리에 위치하고 있을 뿐이에요. 그러면 나머지 부분은 무엇으로 채워져 있을까요?

소행성과 혜성

우리은하에는 태양계의 행성 외에 여러 가지 천체가 돌아다니고 있습니다. 그중에 모양이 일정하지 않은 덩어리들인 소행성이 있어요. 그리고 얼음과 먼지로 이루어진 덩어리인 혜성이 있습니다. 혜성은 긴 꼬리를 가지고 있는데, 꼬리는 얼음이 녹으면서 생기는 것입니다. 태양에 가까이 갈수록 얼음이 빨리 녹아 꼬리가 길어지고, 태양에서 멀어지면 꼬리가 짧아집니다.

성단과 성운

우리은하 안에는 성단도 있습니다. 성단은 수많은 별의 집단을 말해요. 이 성단을 모양에 따라 두 가지로 나눕니다. 수많은 별이 조밀하게 모여 있는 형태의 성단을 구상성단, 밝은 별이 여기저기 흩어져 있듯이 모여 있는 성단을 산개성단이라고 합니다. 구상성단은 별들의 색이 대부분 붉은색입니다. 붉은색을 띠는 별들은 나이 든 별로서, 태어난 지 오래되어서 빛을 조금씩 잃어 가기 때문에 온도가 낮고 붉은빛을 띠어요.

산개성단은 구상성단과 반대 성질이 있습니다. 젊은 별들이 모여 있어서 온도가 높고, 온도가 높기 때문에 푸른색에 가까운 빛을 띠지요. 그리고 뭉쳐 있기보다는 흩어진 형태입니다.

마지막으로 우리은하에는 성운도 있습니다. 성운은 우주 공간의 가스와 먼지 같은 물질이 모여서 구름처럼 보이는 것을 말합니다. 절대 별이 있는 것이 아니지요. 성운은 크게 세 가지 종류가 있습니다. 첫째, 발광성운은 주변의 별에게 에너지를 받아서 스스로 빛을 내는 것을 말합니다. 거대한 먼지 덩어리에서 빛이 뿜어져 나오는 형태를 띠지요. 둘째, 반사성운은 스스로 빛을 내지는 않지만, 주변에서 오는 별빛을 반사하여 우리 눈에는 밝게 보이는 것을 말합니다. 셋째, 암흑성운은 뒤에서 오는 별빛을 이 성운이 가려서 우리에게 검은 구름으로 보이는 것을 말합니다.

구상성단.   산개성단.

문제 1 태양계란 무엇이며 태양계 안에는 어떤 행성들이 있나요?

문제 2 우주는 수많은 은하로 이루어져 있습니다. 형태에 따라 은하의 종류 세 가지를 말해 보세요.

---

3. 태양계의 행성 가운데 크기가 가장 작고, 표면이 붉습니다. 생명체가 살고 있을 것이라고 추정되어 왔고, 땅 위에 물이 흘렀던 흔적이 있습니다. 이 행성은 아래로 내려갈수록 기온이 낮아지고, 기(氣)압이 낮아 공기가 엷어 있는 것 같습니다. 이름은 무엇일까요?

4. 우리은하의 수많은 별이 모여있어 오목 렌즈처럼 생긴 모양을 말합니다. 가장 오래된 별들이 둥근 모양을 이루며 모여있고, 먼지와 가스가 어디에서 새로운 별들을 만들어 냅니다. 온도가 낮고, 밝기가 어두워 대체로 붉은 색을 띠고 있습니다. 명왕성이며, 온도가 낮고 크게 세어야는 분포 및 매우 있습니다.

문제 3 태양계의 행성 가운데 가장 가벼운 행성은 무엇이며, 어떤 특징이 있나요?

_____
_____
_____

문제 4 구상성단과 산개성단의 차이점은 무엇인가요?

_____
_____
_____
_____

정답

1. 우리계는 태양을 중심으로 돌고 있는 천체를 말합니다. 태양계에는 가장 가운데 태양이 있습니다. 태양에서 가까이 있는 순서대로 수성, 금성, 지구, 화성, 목성, 토성, 천왕성, 해왕성입니다. 해왕성까지는 태양계의 행성이지만 2006년 국제천문연맹에서 행성에서 퇴출당하여 태양계의 행성은 모두 8개입니다.

2. 태양의 대부분은 기체로 이루어져 있습니다. 첫째, 나는 태양의 나이입니다. 둘째, 태양의 탄생입니다. 셋째, 태양의 활동입니다. 지금까지 관측한 결과에 따르면 수소원자가 약 77%, 헬륨원자가 20%, 불순물원자가 3% 정도를 차지합니다.

관련 교과
초등 5학년 1학기 1. 지구와 달
초등 5학년 2학기 7. 태양계의 가족
중학교 2학년 6. 태양계, 7. 태양계의 운동

2. 우주의 탄생

우주는 어떻게 탄생했을까요? 텔레비전에서 우주에 대한 프로그램을 통해 까맣고 큰 행성들이 떠다니는 우주의 모습을 본 적이 있을 거예요. 우리 지구도 우주 안에 있는 하나의 행성입니다. 우주가 어떻게 만들어졌는지 함께 알아보아요.

여러 가지 우주론

종교와 우주의 탄생

우주에 대해서 연구하는 학문을 우주론이라고 부릅니다. 사람은 종교 활동을 하면서부터 우주에 관심을 갖기 시작했습니다. 종교 생활을 한 사람들은 만물이 어떻게 태어났고 만들어졌는지 많이 궁금해했고, 그 결과 저 멀리 우주가 어떻게 생겼는지까지 생각하게 되었지요.

기원전 12세기의 메소포타미아 사람들은 마르두크라는 신이 태초의 어머니 티아마트의 몸을 둘로 가르면서 그것이 세상이 되었다고 생각했습니다. 둘로 가른 것 중 하나는 땅이 되고, 또 하나는 하늘이 되었다고 믿었지요.

폴리네시아의 전설에 따르면, 신이 우주의 알에서 깨어 나와 자신과 알껍데기로 세상을 만들었다고 했습니다.

그 후 기원전 1세기의 중국인은 어떻게 생각했을까요? 중국인은 우주가 형체가 없는 구름 속에서 탄생했다고 믿었어요. 구름에서 순수하고 깨끗한 것들은 위로 올라가 하늘이 되고, 무겁고 불투명한 물질은 밑으로 가라앉아 우리가 서 있는 땅이 되었

메소포타미아

서아시아 티그리스 강과 유프라테스 강 사이의 지역 일대를 가리키는 명칭입니다. 현재는 이라크, 이란, 시리아 등의 지역을 말합니다. 세계 4대 문명의 발상지 중 하나로도 유명한 곳이지요.

폴리네시아

오세아니아 동쪽 남태평양 바다에 있는 수천 개 섬을 말합니다. 폴리네시아인은 항해술과 물고기를 잡는 기술에 능숙했다고 알려져 있습니다.

　다고 생각했습니다. 그리고 하늘의 물질은 순수하고 깨끗하기 때문에 땅의 물질보다 더 쉽게 결합할 수 있어서, 땅보다는 하늘이 먼저 생기게 되었다고 믿었어요.

　오늘날에는 우주의 탄생에 관한 많은 연구 결과가 나왔지만, 기독교인은 하느님이 우주를 만들었다고 믿고 있습니다.

　이처럼 종교와 지역의 특성에 따라 우주의 탄생에 대한 여러 가지 생각이 전해 내려오고 있습니다. 하지만 종교와 우주의 탄생을 연결 짓는 이야기는 정확한 증거 없이 신앙으로만 만들어진 것입니다. 따라서 우리는 객관적인 증거를 제시하는 과학 이론을 통해 우주가 어떻게 탄생되었는지 살펴볼 필요가 있습니다. 이미 우주론을 과학적으로 연구한 학자들이 많답니다.

탈레스 Thales

고대 그리스의 철학자로 모든 만물의 근원을 물로 여긴 자연철학자입니다. 소아시아 이오니아 지방의 밀레투스에서 활약해 밀레투스학파의 시조로 알려졌습니다. 탈레스는 지구가 물 위에 떠 있다고 믿었어요.

토머스 디기스
Thomas Digges, 1546~1595

영국의 수학자이자 천문학자입니다. 1576년 "우주는 무한하며 태양과 같은 별들이 그 속에 골고루 분포하고 있다"라고 말하며 고대부터 믿어 온 우주의 수정구 이론에 반기를 들었습니다.

우주의 탄생을 연구한 학자들

기원전 7세기경 에게 해 동쪽 이오니아 지방에 탈레스라는 철학자가 살았습니다. 당시 이오니아 사람들은 실용적인 것을 좋아했습니다. 그래서 세상의 여러 가지 것들에 호기심을 갖고 모든 것이 어떤 원리로 어떻게 만들어졌는지 궁금해했지요. 탈레스도 그런 특징을 가지고 이것저것 많은 연구를 했습니다. 탈레스는 신에 의해 우주가 탄생되었다고 믿지 않았어요. 우주는 단지 자연의 힘으로 만들어졌고, 인간이 연구해 밝혀내야 할 숙제라고 생각했습니다.

처음에 탈레스는 우주는 거대한 바다이고, 그 위에 지구가 원반 모양으로 떠 있다고 생각했어요. 우주를 신이 만들었다는 생각에서는 많이 발전했지만, 이 이론도 옳지는 않았습니다. 이미 밝혀진 대로 지구는 원반 모양이 아닌 동그란 공 모양입니다. 그리고 우주는 바다로 채워져 있지도 않지요. 이와 같은 탈레스의 사고방식을 이어 받은 고대 그리스의 철학자가 아리스토텔레스입니다. 아리스토텔레스는 우주는 양파 껍질처럼 여러 층의 수정구로 이루어져 있고, 그 중심에는 태양이 아닌 지구가 자리 잡고 있다는 수정구 이론을 주장했어요. 수정구 이론은 이후 1,000년이 넘게 확실한 이론으로 여겨졌습니다.

그러다가 이 이론을 깨고 처음으로 근대적인 생각을 발표한 사람이 있었습니다. 영국의 천문학자 토머스 디기스입니다. 디기스는 수정구 이론에 반대하며 우주는 무한하게 펼쳐져 있고, 태양과 같은 별들이 고르게 퍼져

있다고 주장했습니다. 당시의 과학 수준을 생각한다면 이런 발상 자체가 놀라운 일입니다. 하지만 당시 디기스의 주장을 믿은 사람은 매우 드물었습니다.

디기스 이후 갈릴레오 갈릴레이라는 과학자가 나타나 디기스의 주장에 힘을 실어 주었습니다. 갈릴레이는 아리스토텔레스의 수정구 이론을 깨뜨리며 지동설을 주장해 당시 사회에 많은 논란을 일으켰습니다. 그리고 그는 천체를 연구할 때에도 맨눈이 아닌 망원경으로 하늘을 봐야 훨씬 많은 별이 보인다는 사실을 발견했지요.

그런데 망원경으로는 보이는 별들이 왜 맨눈으로

갈릴레오 갈릴레이
Galileo Galilei, 1564~1642

이탈리아 출신의 철학자이자 과학자입니다. "그래도 지구는 돈다"라는 유명한 말을 남긴 사람이기도 하지요. 천동설 대신 지동설을 주장해 교황청의 종교 재판을 받기도 했습니다.

갈릴레오 갈릴레이.

는 보이지 않을까요? 갈릴레이는 별빛이 원래 약하기도 하고, 너무 멀리 있어서 우리에게 희미하게 보이지 않을까 생각했습니다.

책상 앞에 전기 스탠드를 켜 놓고 책을 가까이에서 볼 때와 멀리에서 볼 때를 생각해 보면 가까이에서 볼 때가 훨씬 환하지요? 이처럼 빛은 멀리 떨어져 있을수록 희미하게 보입니다.

그리고 갈릴레이는 금성을 관찰함으로써 지구에서 보이는 금성의 모양이 점점 변한다는 사실을 알아냈습니다. 달의 모양이 날짜에 따라 보름달에서 반달, 그믐달 등 여러 가지 모양으로 변하듯이 금성도 모양이 변한다는 것입니다. 이것은 엄청난 발견이었어요. 만약 금성의 모양이 때에 따라 정말 변한다면 금성은 지구를 중심으로 도는 것이 아니라는 증거가 되기 때문이지요. 이 사실은 그 당시 엄청난 논란거리가 되었습니다.

그 후 1750년 영국의 토머스 라이트라는 사람이 갈릴레이의 이론을 바탕으로 또 다른 우주론을 발표했습니다. 밤하늘에서 볼 수 있는 별들의 띠, 은하수는 별들로 이루어진 원반이고, 태양과 지구, 금성 등의 태양계는 그 원반 속에 들어 있다고 한 것입니다. 이 이론이 현재 밝혀진 우리은하의 모습과 똑같습니다. 토머스 라이트 이런 별의 집단이 더 있다고 주장했어요. 이 이론은 1930년대에 가서야 옳다고 밝혀졌습니다.

지구의 모양은 어떻게 밝혀졌나요?

우리가 살고 있는 지구의 모양에 대해서 옛날 사람들은 어떻게 생각했을까요? 처음에는 지구가 네모난 모양이라고 생각했습니다. 하지만 항구에서 사라지는 배를 보고 지구가 평평하게 쭉 이어져 있다는 생각이 틀렸다는 것을 알게 되었습니다. 만약 지구가 평지라면 배의 모습이 유지되면서 작아지다가 사라져야 하지만, 배가 점점 멀어질수록 배의

달에서 사람이 최초로 사진 찍은 지구의 모습.

아래쪽부터 점점 사라졌던 것입니다. 그래서 그 뒤 사람들은 지구가 원통형이라고 생각했고, 나중에 결국 둥그런 모양이라는 사실이 밝혀졌습니다.

그 밖에도 지구가 원 모양이라는 증거는 여기저기에서 발견되었습니다. 먼저 달에 지구 그림자가 비칠 때가 있는데, 그때 보이는 지구의 그림자가 동그란 모양이었어요. 그리고 마젤란이 처음으로 배를 타고 세계 일주를 시도했고, 한 장소에서 출발하여 그곳까지 돌아옴으로써 지구가 둥그렇다는 것이 확실히 증명되었습니다. 지금은 우주로 인공위성을 쏘고 사람이 우주선을 타고 나가기도 하는 시대가 되었습니다. 지구의 모습을 지구 밖에서 바라볼 수 있게 되어 위성사진으로도 충분히 지구가 둥그렇다는 사실을 알 수 있습니다.

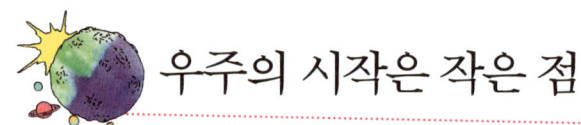 우주의 시작은 작은 점

빅뱅이론

우주는 어떻게 생겨났을까요? 옛날에는 자연 현상을 종교적으로 해석하는 경우가 많았습니다. 예를 들어, 천둥·번개가 치는 이유를 몰랐던 옛날 북유럽 사람들은 번개의 신 토르가 번개를 내린다고 믿었습니다. 하지만 지금은 번개가 생기는 현상을 과학적으로 증명할 수 있지요. 이처럼 과학이 발달하지 않았던 옛날에는 우주도 신이 만들었다고 믿었어요.

하지만 과학이 발달하면서 오늘날에는 우주가 원래 한 점이었고, 그 점이 크게 폭발하면서 모든 것이 만들어졌다고 생각합니다. 이 현상을 빅뱅이라고 해요. 빅뱅은 대폭발이라는 뜻입니다.

큰 폭발이 일어나면 엄청난 열이 나오겠지요? 그 열로 인해 우주 공간이 뜨겁게 팽창했고, 그 뒤 점차 식어 가면서 우주를 구성하는 것들이 생겨나기 시작했습니다. 별, 은하, 지구와 같은 행성들도 생겨났고, 지구의 생명까지 탄생하게 된 것입니다. 이 폭발 과정이 어떻게 이루어졌을지 시간대별로 알아볼까요?

시간대별로 본 우주의 탄생

빅뱅은 137억 년 전에 일어났습니다. 그렇게 폭발이 일어났을 때의 시간은 '0'이었지요. 우주의 공간은 모든 것이 한 점이었으니 시간이 흐르지도, 여기 혹은 저기라는 공간이 있지도 않았을 것입니다. 그런데 빅뱅이 일어난 지 얼마 지나지 않아 우주에 공간과 시간이 생겨났어요. 단지 10^{-43}초라는 시간밖에 걸리지 않았지요. 10^{-43}초가 얼마나 짧은 시간일까요? 우리는 100을 다르게 표현하면 10^2이라고 나타내고, 10,000,000이라는 숫자는 10^7이라고 나타냅니다. 여기에서 작은 숫자는 어떻게 읽을까요? 예를 들어 10^7인 경우, 10의 7제곱이라고 읽습니다. 작게 위쪽에 쓰여 있는 숫자가 0의 개수를 나타내요. 10^7은 10,000,000으로 1,000만이라는 숫자를 나타냅니다. 간단히 말, 10 뒤에 있는 작은 숫자는 10을 그 숫자만큼 곱하라는 뜻입니다.

중력

지구 위의 물체가 지구로부터 받는 힘을 말합니다. 지구와 물체 사이의 만유인력과 지구의 자전에 따른 물체의 구심력을 합한 힘입니다. 그 크기는 지구 위 장소에 따라 조금씩 차이가 납니다. 만유인력을 중력이라고 할 때도 있습니다.

강력

중력이나 전자기력보다 강한 힘이라는 뜻입니다. 다른 말로 핵력이라고 해요. 양성자와 중성자를 결합하여 원자핵을 이루고 있는 힘이기 때문에 핵력이라고 합니다.

약력

핵이나 소립자들 사이에서 이루어지는 상호 작용의 힘을 말합니다. 이 상호 작용의 특징은 세기가 약하다는 것입니다. 그래서 다른 말로 '약한상호작용'이라고도 합니다.

전자기력

전기나 자기에 의해 생기는 모든 힘을 통틀어 이르는 말입니다. 전자기장 안의 전하, 자기량, 전류 따위가 받는 힘입니다. 다른 말로 전자력이라고 해요.

그렇다면 마이너스 표시는 무엇일까요? 이것은 1을 그 숫자로 나누었다는 뜻입니다. 10^{-2}은 100분의 1을 나타냅니다. 1을 100으로 나눈 것이므로 0.01이라는 소수로 나타낼 수도 있습니다. 그렇다면 10^{-5}은 100,000분의 1, 소수로는 즉 0.00001이 됩니다. 이렇게 따졌을 때 10^{-43}초가 얼마나 짧은 시간인지 이해할 수 있겠지요? 10^{-43}초는 우리가 눈을 깜빡거리는 시간보다도 훨씬 빠른 시간입니다.

우주의 나이 10^{-43}~10^{-35}초에는 빛과 입자의 원료가 뒤섞인 형태의 에너지만 존재했습니다. 또한 물리학의 네 가지 기본 힘인 중력, 전자기력, 약력, 강력 가운데에 중력을 제외한 나머지 힘이 이 시기에 통합되어 존재했다고 추정돼요.

우주의 나이 10^{-35}~10^{-32}초에는 초팽창이라 불리는 거대한 팽창이 일어났습니다. 엄청난 속도로 팽창했다는 뜻이에요. 지금도 우주는 팽창하고 있지만 이때 일어난 팽창 속도와 비교할 수 없을 만큼 굉장한 속도로 우주가 팽창되었습니다.

우주의 나이 10^{-32}~10^{-4}초에는 쿼크로 구성된 입자들이 결합하여 양성자, 중성자가 생겼습니다. 양성자와 중성자는 원자를 이루는 요소들이에요.

우주의 나이 10^{-4}~10^{-1}초에는 입자와 반대입자가 탄생했고, 우주의 나이 1~3초에는 전 우주에 많은 헬륨이 만들어졌습니다. 우주의 온도는 100억~1억℃ 정도까지 낮아진 상태로, 수소 핵융합반응이 일어나는 환경입니다. 그 결과 우주 전체에 엄청난 양의 헬륨이 생성된 것입니다.

수십만 년 후에는 원자가 만들어지고 더 오랜 시간이 지난 후에는 은하가 탄생했습니다. 은하가 생기면서 우주에 빛도 생겼지요. 빛이 생기기 전까지를 우주의 암흑시대라고 합니다.

그 뒤 137억 년 후가 오늘날입니다. 폭발이 일어난 지 137억 년이 지났지만 우주는 지금도 팽창하는 중이고, 우리는 그 안에서 생활하고 있습니다.

원자, 중성자, 양성자

원자는 무엇일까요? 원자는 물질을 구성하는 기본 입자를 말합니다. 우리 주변의 모든 물질을 쪼개고 들어가면 작은 입자가 남는데, 이것이 원자입니다. 사람들은 한동안 이 원자가 가장 작은 입자라고 생각했습니다. 하지만 여러 과학자에 의해 원자가 가장 작은 입자가 아니라는 사실이 밝혀졌습니다.

이 원자는 (+)극 성질을 띠는 양성자와 (+)극이나 (-)극, 어느 쪽의 극도 띠지 않는 중성자가 더해져 핵을 만들고, 그 주변을 (-)극을 띠는 전자가 돌고 있습니다. 따라서 원자는 물질을 구성하는 입자를 말하고, 그 원자를 구성하는 요소가 양성자, 중성자, 전자입니다.

우주의 수수께끼

우주의 끝

우주가 폭발로 인해 생겨났다는 사실을 배웠습니다. 그렇다면 이 넓은 우주의 끝은 어디일까요? 이 질문에는 명확히 답할 수 없습니다. 우주는 계속 팽창해 나가고 있기 때문입니다. 폭발하고 나서도 우주는 멈추지 않고 계속 퍼져 나가고 있어요. 이런 우주의 끝을 설명하기란 쉬운 일이 아닙니다. 우리가 풍선을 입으로 불어 팽창시키면 그 모양은 어떻게 되나요? 동그란 모양이 됩니다. 우주도 같은 원리로 동그란 모양이 되리라는 설이 있습니다. 하지만 진실은 아직 아무도 알 수 없습니다.

우주의 팽창과 중력

우주가 팽창하고 있다면 우리는 어떻게 팽창하지 않고 이렇게 무사히 살 수 있을까요? 그것은 중력 때문입니다. 중력은 지구와 같이 큰 물체가 다른 물체를 잡아당기는 힘을 말하지요. 큰 덩어리는 모두 중력을 가지고 있는데, 이 중력 때문에 은하의 별과 운석들이 서로 묶여 있을 수 있습니다. 중력의 끌어당기는 힘 덕분에 무한히 팽창되는 현상이 제한됩니다.

또한 우주는 우리가 상상할 수 없을 만큼 크기 때문에 우주의 팽창이 우리에게 영향을 미친다고 해도, 그것은 우리가 평생 살면서 느낄 수 없을 정도인 것입니다.

그래도 팽창하는 우주

중력에 의해 우주의 팽창이 제한된다고는 해도 한계는 있습니다. 그래서 우주는 여전히 팽창하지요. 그 증거로 우리은하와 주변의 은하들의 거리를 들 수 있습니다. 우리은하와 주변의 다른 은하들 사이의 거리가 점점 멀어지고 있다는 사실이 밝혀졌거든요.

그렇다면 팽창의 중심은 어디일까요? 우리를 중심으로 주변 은하들의 거리가 점점 멀어지므로, 태양계가 속해 있는 우리은하가 팽창의 중심일까요? 그렇지 않습니다. 물방울무늬가 들어간 풍선을 점점 크게 분다고 생각해 보세요. 점점 크게 불수록 무늬 사이의 간격이 어떻게 변하나요? 무늬들이 점점 일정한 간격으로 벌어지는 것을 볼 수 있습니다.

우주의 팽창도 이와 같습니다. 팽창의 중심이 아니더라도 우주 전체가 팽창하면 은하와 은하 사이의 간격도 점점 멀어지는 것입니다. 따라서 어느 점을 기준으로 잡아도 계속 모든 방향으로 벌어지게 마련입니다.

우주가 유지되기 위한 질량

우주에는 어떤 것들이 있나요? 행성, 별, 태양 같은 것들을 떠올릴 수 있습니다. 보통 어두운 우주의 바탕에 여러 가지 천체가 빛나고 있다고 생각하지요.

그런데 과학자들이 연구하고 계산해 본 결과, 우주에서 이상한 점이 발견되었습니다. 우주가 유지되기 위한 질량을 계산해 보니, 실제 천체들의 무게를 모두 더한 것보다 큰 값이 나온 것입니다.

　지구, 금성, 별 등은 가지고 있는 질량만큼 중력이라는 힘도 가지고 있습니다. 중력이란 서로 잡아당기는 힘이지요. 우리은하와 다른 행성, 우주를 구성하는 것들이 서로 흩어지지 않고 모여 있기 위해 당기는 힘이 중력입니다. 과학자들은 전체 중력이 지금 우리에게 관측되는 천체가 가진 중력의 합보다 크다는 사실을 발견했습니다. 그래서 우리에게 보이지 않는 질량을 가진 물질이 있으리라 생각했고, 이 물질을 암흑물질이라고 불렀습니다.

　암흑물질이란 정확히 무엇일까요? 우주를 구성하는 전체 물질의 90% 이상을 차지하며, 전자기파로도 관측할 수 없고, 오로지 중력을 통해서만 알 수 있는 물질입니다. 우리는 흔히 암흑물질을 중성

중성미자

기본 입자의 일종으로, 전자기, 약한 중력 상호작용에 영향을 받는 질량이 가벼운 경입자에 속한다. 전하가 없으며 질량은 매우 작다.

미자라고 부릅니다. 중성미자가 암흑물질의 대부분을 이루기 때문이에요.

중성미자는 빛의 속도로 움직입니다. 여러분이 공을 던져서 벽을 맞춘다고 생각해 보세요. 세게 던질 때와 약하게 던질 때 중 어떤 때 벽에 더 큰 충격을 줄까요? 당연히 세게 던질 때 벽에 더 많은 충격을 줄 수 있습니다. 따라서 빛의 속도와 거의 비슷하게 움직이는 중성미자는 엄청난 에너지를 가지고 있습니다.

처음에는 중성미자의 질량이 0일 것이라고 예상했습니다. 하지만 중성미자가 작게나마 질량이 있다고 판단하고 있습니다. 암흑물질에는 중성미자 외에도 다른 물질이 있으리라 생각되지만 조금 더 알갱이가 크고 천천히 움직일 것이라는 사실 말고는 아직 밝혀진 점이 없어요.

최근에 스테이시 맥고프라는 과학자는 암흑물질이란 애초에 없었다고 발표했습니다. 이에 대해서는 여러 의견으로 갈리고 있습니다. 우주는 매우 넓고 우리가 직접 가서 조사하기는 어렵기 때문에 어떤 의견이 맞는지 확실히 밝혀내기는 어렵습니다. 하지만 여러 과학 이론이 끝없는 연구를 통해 우리가 현재 알고 있는 많은 사실을 밝혀냈듯이, 암흑물질이 있는지 없는지도 언젠가는 분명히 밝혀질 것입니다.

만유인력과 중력의 차이

만유인력은 우주에서 질량을 가진 모든 물체 사이의 끌어당기는 힘을 말합니다. 지구와 태양 사이에도, 지구와 달 사이에도 이 힘은 작용합니다. 여러분 책상 위에 있는 공책과 필통 사이에도 만유인력이 작용해요. 이 만유인력은 거리가 가까울수록, 두 물체의 질량이 클수록 크게 작용합니다.

중력은 무엇일까요? 중력도 만유인력의 한 종류입니다. 중력은 지구처럼 큰 물체, 즉 행성과 작은 물체 사이에 작용하는 만유인력이에요. 이럴 경우에는 한쪽의 당기는 힘이 지나치게 크기 때문에 반대편의 당기는 힘은 거의 드러나지 않지요. 예를 들어, 지구와 사람 사이의 만유인력은 보통 중력이라고 표현합니다. 왜냐하면 지구와 사람 사이의 질량 차이가 너무 커서 지구의 끌어당기는 힘에 의해 사람이 영향을 받기 때문입니다.

Q&A 꼭 알고 넘어가자!

문제 1   메소포타미아, 폴리네시아 등의 고대인은 어떻게 우주가 생겼다고 믿었나요?

문제 2   고대 그리스인은 우주가 어떤 모습이라고 생각했는지 탈레스와 아리스토텔레스의 이론을 예로 들어 보세요.

---

3. 바빌로니아 대홍수로 죽습니다. 우주가 원래 둘 있었고, 그 중이 크게 갈라 팽창하면서 모든 것이 만들어졌다고 믿는 높이 떠 있는 이름이지요. 곧 둘째는 땅으로 나눠졌지요? 바빌로니아 이야기에 의하면, 그 신이 인간 위에 떠 있는 별과 태양 등을 만들었다고 생각했습니다.

4. 옛날 사람들은 홍수가 매일 일어날 때 해가 이래에서부터 점점 나타나다가 점점 또 사라지는 것을 보았습니다. 그리스인은 너무에 땅이 마치는 지구의 모든 것을 그릇처럼 감싸고 있다고 생각했으며, 마침내 지구가 저절로 움직이지 않는다고 생각했습니다. 또 태양이 세계에 깜빡이며 움직이는 까닭도 태양 자체가 스스로 움직이는 것이라고 믿었습니다.

문제 3 빅뱅이론이란 무엇인가요?

　

문제 4 과학적으로 지구의 모양을 증명할 수 있기 전에 옛날 사람들은 지구가 둥글다는 사실을 어떻게 알았나요?

정답

1. 매서추세츠 공과대학의 마틴슈미트 박사인 태양이 아니 태양계 전체의 물질 대부분이 지구로 끌려들어간다면 그 부피가 용량이 3조 세제곱미터 정도 되는 풀장의 먼지덩이와 같을 것이라고 말하였습니다. 그 이유는 우주의 중심이 세계일으로 기상에 그 풀장의 먼지덩이는 용과가 있는 것은 아니지만 우리가 살고 있는 우주 속에 있다고 말하였습니다.

2. 고대 그리스의 철학자는 우주가 거대한 공모양으로 되어 있고, 그 안에 지구가 원형으로 돌고 있는 때 생각했어요. 아리스토텔레스는 우주가 여러 겹의 수정처럼 이루어져 있고, 그 중앙에는 태양이 아닌 지구가 자리 잡고 있다고 주장했지요.

관련 교과
초등 5학년 1학기 1. 지구와 달
초등 5학년 2학기 7. 태양의 가족
초등 6학년 1학기 4. 계절의 변화
중학교 2학년 6. 태양계, 8. 별과 우주

3. 밤하늘의 별

밤하늘의 별은 무척 예쁜 모습을 하고 있습니다. 별이 없다면 밤하늘은 그렇게 아름답지 않을 거예요. 하지만 이렇게 예쁜 별에 대해 우리는 얼마나 알고 있나요? 별은 어떻게 태어났는지, 또 어떤 별이 있는지 지금부터 별들에 대해서 함께 알아보아요.

별의 특징

항성이라고도 불리는 별은 스스로 빛을 내는 천체를 말합니다. 하지만 밤하늘에 떠 있는 별 가운데 대부분의 별은 스스로 빛을 내지 못합니다. 그런 것들도 우리는 별이라고 부르지만 엄밀히 말해서 별은 아닙니다. 과학에서 말하는 별은 스스로 빛을 내는 태양 같은 천체만을 가리킵니다. 그렇다면 과학에서 말하는 별들의 특징에 대해 더 살펴볼까요?

별을 연구한 사람들

별을 처음으로 연구했다고 추측되는 이들은 바빌로니아 사람들입니다. 바빌로니아 사람들은 기원전 1580년 최초로 별의 위치와 움직임을 그림으로 기록하는 천문도를 만들었다고 해요. 바빌로니아에 이어 이집트와 중국에서도 별을 연구하고 여러 가지 천문도를 그렸습니다. 이렇게 별에 대해 연구하는 것을 천문학이라고 하지요.

옛날에는 이 별을 보고 점을 치는 경우도 많았어요. 점성술이란 말을 들어 본 적이 있나요? 점성술은 별을 보고 나라에 어떤 나쁜 일이 생길지, 좋은 일이 생길지를 예측하는 것입니다. 이것은 단지 추

바빌로니아

메소포타미아 남쪽의 고대 왕국으로, 이전 시대의 수메르 지방과 아카드 지방을 아울러 가리킵니다. '바빌로니아'라는 이름은 수도였던 바빌론에서 유래했어요. 바빌로니아는 농사짓기가 쉽고, 상업적·전략적으로 중요한 지형이어서 다른 민족의 침입을 많이 받았습니다.

측이기 때문에 과학적이라고 할 수는 없지요.

이렇게 별을 가지고 운세를 보기도 하고, 별을 이어 모양을 만들어 여러 가지 이름을 붙이기도 했습니다. 그것이 바로 별자리입니다. 별자리를 관찰하면서 별이 이동하는 것을 알았고, 이 별의 이동으로 계절의 변화를 알 수 있었습니다.

별의 겉보기등급과 절대등급

별은 밝기에 따라서 등급을 나눌 수 있습니다. 등급은 밝을수록 숫자를 작게, 어두울수록 크게 나타냅니다. 1등급의 별과 6등급의 별이 있으면 1등급의 별이 더 밝습니다. 하지만 별들은 우리 지구에서 보면 얼마나 멀리 떨어져 있는지 알 수 없습니다. 별의 실제 위치에 상관없이 우리가 맨눈으로 봤을 때의 밝기를 나타내는 것을 겉보기등급이라고 합니다. 또한 별의 본래 밝기를 기준으로 등급을 나누는데, 그것을 절대등급이라고 합니다. 절대등급은 거리에 따라 별의 밝기가 다르게 보일 테니 별을 모두 같은 위치로 모았을 때의 기준으로 밝기를 비교하는 것입니다. 같은 조건에서 비교해야 밝기가 어떤지 정확히 파악할 수 있지요.

이 두 가지 등급은 때에 따라 골라서 쓰이고, 지구에서 별이 얼마나 멀리 있는지 알기 위해서도 쓰입니다. 겉보기등급과 절대등급의 차이에 따라 그 별이 지구와 얼마나 멀리 떨어져 있는지도 알 수 있습니다. 겉보기등급에서 절대등급을 뺐을 때, 그 차이가 클수록 지구와 멀리 떨어져 있는 별입니다.

예를 들어 볼까요. A라는 별의 절대등급이 3이고 겉보기등급이 5, B라는 별의 절대등급이 1, 겉보기등급이 6일 경우, 두 별 중 어느 쪽이 지구와 더 멀리 떨어져 있을까요? A는 5-3=2라는 값이 나오고, B는 6-1=5라는

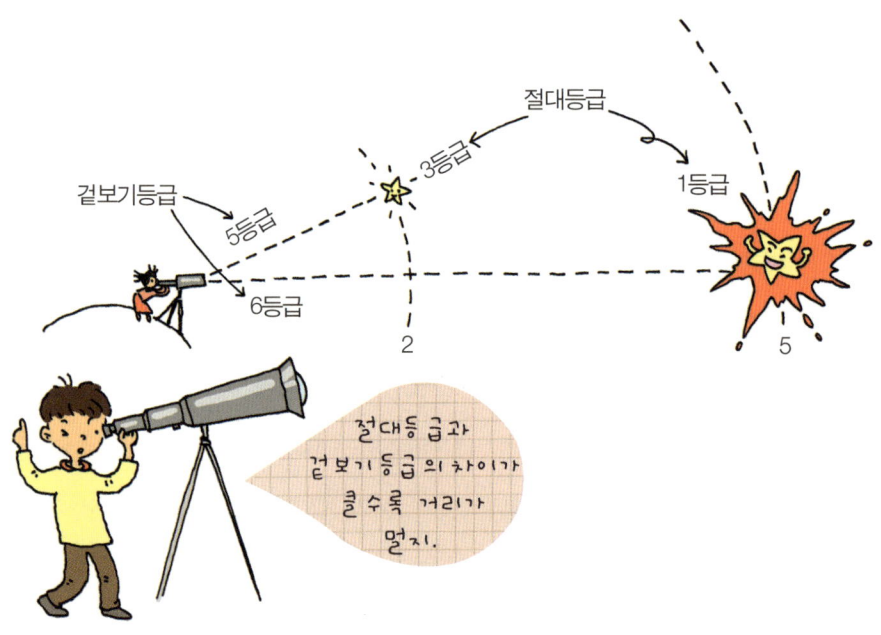

값이 나오지요. 따라서 B가 더 멀리 있는 별입니다.

별의 색깔

별을 그리라고 하면 대부분의 사람은 노란색으로 색칠합니다. 별은 모두 정말 노란색일까요? 우선 여러 종류의 불을 생각해 보세요. 촛불은 노란색과 붉은색입니다. 그리고 철을 자르고 붙이기 위해 용접하는 불은 거의 푸른빛입니다. 이렇게 불의 색이 각기 다른 이유는 온도가 다르기 때문입니다. 용접하는 불은 철을 녹일 만큼의 높은 온도이고 촛불의 온도는 주위를 환하게 밝히는 정도인 낮은 온도이기 때문에 불의 색이 다릅니다.

불처럼 별도 표면 온도에 따라 다른 색으로 보입니다. 이 사실을 밝혀낸 천문학자들은 별빛의 색에 따라 기준을 정해 별을 일곱 가지 종류로 분류했습니다. O형, B형, A형, F형, G형, K형, M형입니다. O형에서 M형으로 갈수록 별의 표면 온도가 낮습니다. O형은 청색, B형은 청백색, A형은 백색, F형은 황백색, G형은 황색, K형은 주황색, M형은 적색입니다.

■ 별의 표면 온도에 따른 색깔

별자리

큰곰자리의 일부인 북두칠성이 선명하게 보인다.

별자리는 하늘의 별을 이어서 동물이나 사물, 신화 속 인물의 이름을 붙여 놓은 것을 말하며 '성화'라고도 합니다. 현재, 세계에서 공식적으로 인정하는 별자리는 88개입니다. 옛날에는 별자리를 보며 길을 찾았고, 오늘날에는 밤하늘의 지도로 사용되고 있습니다.

우리나라는 지구의 북반구에 위치하고 있기 때문에 큰곰자리, 작은곰자리, 카시오페이아자리 등의 별자리를 사계절 내내 볼 수 있습니다. 또한 계절에 따라서 봄에는 목동자리, 처녀자리 등을, 여름에는 거문고자리, 독수리자리 등을, 가을에는 페가수스자리, 물고기자리 등을, 겨울에는 큰개자리, 작은개자리, 오리온자리 등을 관찰할 수 있습니다.

변광성이란 무엇인가요?

변광성의 발견

1596년 독일의 천문학자 파브리치우스는 고래자리를 관찰하다가 신기한 별을 발견했습니다. 그 별은 처음에는 밝았다가 점점 희미해지더니 사라져 버리는 것이었습니다. 그래서 이 별에 놀라운 별이라는 뜻을 지닌 '미라'라는 이름을 붙여 주었어요. 이렇게 별이 계속 같은 밝기로 빛나지 않고 밝기가 변하는 별을 변광성이라고 합니다.

다비드 파브리치우스
David Fabricius, 1564~1617

독일의 천문학자이자 신학자입니다. 티코 브라헤에게 천문학을 배웠으며, 요하네스 케플러와 편지를 주고받으며 화성 관측 자료를 제공해 주기도 했습니다.

미라를 계속 관찰하면서 밝기가 332일을 주기로 변한다는 사실을 발견했습니다. 만약 오늘부터 미라의 밝기가 변하기 시작했다면 332일이 지나야 오늘과 같은 밝기를 다시 볼 수 있습니다. 이렇게 원래의 밝기로 돌아오는 데 걸리는 시간을 주기라고 말합니다. 별의 밝기는 등급으로 나타낸다고 했지요? 이 미라는 가장 밝을 때 2등성이며, 가장 어두울 때는 10등성으로 보입니다.

규칙·반규칙·불규칙 변광성

미라처럼 주기에 따라 밝기가 변하는 변광성도 있지만 불규칙하게 변하는 변광성도 발견되었습니다. 정해진 시간에 따라 밝기가 변하는 변광성을 규칙변광성이라고 하고, 밝기가 불규칙적으로 변하는 변광성을 불규칙변광성이라고 합니다. 먼저 규칙변광성에 대해 알아보아요.

가장 유명한 규칙변광성은 케페이드 변광성입니다. 이것은 케페우스자리의 델타성에서 이름이 붙여졌어요. 델타성은 엄청나게 큰 항성으로 태양보다 3~10배 무겁고 수십만 배 이상 밝은 별입니다. 이 별은 크기가 커졌다 작아졌다를 반복하면서 표면 온도가 변해 그때마다 우리에게 밝기가 다르게 보입니다. 또 다른 규칙변광성은 우리나라에서 겨울에 볼 수 있는 오리온자리의 붉은 거성인 베텔게우스입니다. 베텔게우스는 엄밀히 말하면 약 5년 반이라는 상당히 긴 주기로 밝기가 변하는 반규칙변광성입니다.

이제 불규칙변광성에 대해 알아봅시다. 북쪽왕관자리의 R은 주기가 일정하지 않은 불규칙변광성입니다. 이 별의 원래 밝기도 우리가 맨눈으로 겨우 볼 수 있을 정도이지만 몇 년에 한 번씩 우리에게 보

붉은 거성
적색거성이라고도 하며, 수명이 다 되어 온도가 낮아서 붉은색을 띠는 별을 가리킵니다.

이지 않을 정도로 어두워집니다. 그 이유는 이 별에서 탄소 구름이 몇 년에 한 번씩 나오기 때문입니다. 탄소 구름이 별을 둘러싸 별의 밝기가 매우 어두워지는 것입니다.

오리온자리의 베텔게우스는 반규칙 변광성입니다.

식변광성

이와 같이 변광성은 별 자신의 원인에 의해 우리에게 밝기가 변해 보이는 별입니다. 하지만 이렇게 별 자신의 문제가 아닌 다른 이유로 밝기가 다르게 보이는 경우도 있습니다. 이런 별을 식변광성이라고 합니다.

식변광 중에는 쌍성이 있습니다. 쌍성은 우리가 보기에는 하나의 별로 보이지만 실제로는 두 개의 별이 서로 돌고 있는 형태의 별입니다. 반대로 보통의 별은 단독성이라고 부른답니다. 우주에는 단독성보다는 쌍성이 더 많습니다. 우리가 어떤 별을 볼때 쌍성인지 아닌지 잘 모르는 이유는 너무 멀리 있어서 모두 한 개의 별로 보이기 때문입니다.

밤에 아주 멀리에서 차가 달려오는 것을 본 적 있나요? 차의 앞에 있는 불빛은 왼쪽과 오른쪽 양쪽에서 나옵니다. 하지만 차가 굉장히 멀리에서 올 때는 이 두 불빛이 어떻게 보일까요? 두 개가 아니라 하나로 보입니다. 거리가 멀면 두 개의 빛이 합쳐져 하나로 보이게 됩니다.

그렇다면 쌍성의 밝기는 왜 달라질까요? 쌍성은 중심을 기준으로 회전합니다. 하나의 실험을 해 볼까요? 양손에 빛이 나는 전구를 들고 멀리에서 뱅글뱅글 돌려 보세요. 그리고 한 명이 멀리 떨어진 곳에서 관찰해 보세

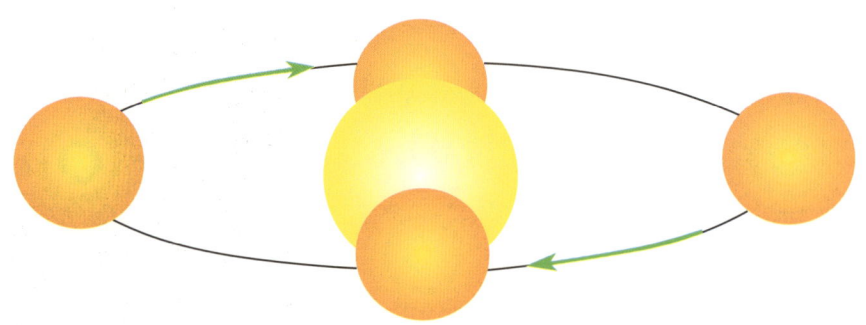

쌍성은 두 개의 별이 일정한 주기로 공전해서 일직선에 놓이는 때가 있다. 그 순간엔 빛이 조그맣게 보인다.

요. 관찰하는 사람이 있는 곳에서 보면 돌고 있는 사람의 손에 두 전구가 완전히 일직선이 되는 순간이 있을 거예요. 이때는 앞 전구가 뒤의 전구를 가리게 되고, 전구가 양옆에 있을 때보다 불빛이 작아져 빛이 조그맣게 보일 것입니다. 쌍성이 이와 같이 움직이기 때문에 멀리에서 보면 밝기가 계속 변한다고 느끼게 됩니다.

변광성운

변광성은 별의 밝기가 변하는 별입니다. 그렇다면 변광성운이란 무엇일까요? 변광성운은 성운의 밝기가 변하는 것을 말합니다.

성운은 우주에 있는 먼지나 티끌이 모여 구름처럼 이루어져 있는 것입니다. 이 성운의 밝기나 모습이 짧은 기간 동안 변하는 것이 변광성운입니다.

대표적인 변광성운으로는 외뿔소자리의 NGC 2261이 있어요. 주변의 암흑물질의 영향으로 성운의 밝기가 변해서 변광성운이 되었다고 추측하고 있습니다.

외뿔소자리의 NGC 2261은 대표적인 변광성운이다.

문제 1. 별의 절대등급과 겉보기등급의 차이는 무엇인가요?

문제 2. 우리 나라에서 발견되는 별자리에는 어떤 것들이 있나요?

3. 행성들은 각 개의 행성으로 지정되기 전에는 별이 움직이지 않고 돈다고 믿었습니다. 그러나 이 행성들은 공전을 기준으로 정해집니다. 이때 움직이는 별이 밝기가 가까워질 때 밝게 보이고 더 개의 별이 공전이 다 이뤄져 더 밝아 보입니다.

문제 3 변광성 가운데 쌍성은 왜 별의 밝기가 때에 따라 달라질까요?

정답

1. 별의 밝기변화 곡선 모양에 따라 나뉩니다. 지구에서 볼 때 별의 밝기가 더 밝아지고 어두워질 때 밝기가 이 때문에 광도곡선 대칭으로 나타납니다. 마지막으로 광도곡선 자체에서 별이 밝아졌다가 어두워지지 않고 있을 수도 있고 합니다. 광도곡선의 모양을 보고 그 사이의 주기를 볼 수 있기 때문에 밝기 변화 주기라고 부릅니다.

2. 그 지구의 북반구에서 보이는 쌍성들은 순서대로 식쌍성이라고 합니다. 식쌍성은 궁수자리, 거문고자리, 페르세우스자리 등을 대표적으로 볼 수 있고, 계절에 따라 달라지는 별자리 중, 처녀자리 등, 사냥개자리, 거문고자리, 백조자리, 독수리자리 등, 가을에는 페가수스자리, 안드로메다자리, 물고기자리, 고래자리, 양자리 등을 관찰할 수 있습니다.

관련 교과
초등 5학년 1학기 1. 지구와 달
초등 5학년 2학기 7. 태양의 가족
중학교 2학년 6. 태양계, 8. 별과 우주

4. 별의 탄생과 죽음

모든 생물은 태어나고, 성장하고, 죽음을 맞이합니다. 별도 마찬가지입니다. 태어나서 생물처럼 자라고, 진화하고, 계속 반응하다가 결국에는 죽지요. 별이 죽을 때는 굉장히 신기한 장면을 볼 수 있습니다. 별이 죽는 순간 아주 밝고 큰 빛이 생겼다 사라집니다. 별의 일생을 알아봅시다.

 별의 탄생

성간물질과 성운

우리 주변은 눈에는 안 보이지만 공기로 가득 차 있습니다. 공기 덕분에 우리가 숨을 쉴 수 있고 시원한 바람도 붑니다. 우주에도 우리 눈에는 보이지 않지만 성간물질이라는 것이 여기저기에 있습니다. 그중 수소나 헬륨 같은 기체 상태의 물질이 존재하는데, 이것을 성간가스라고 부릅니다. 또 물, 철, 메탄, 암모니아 같은 우주먼지라고 부르는 것도 존재합니다. 이것은 1970년 미국의 전파망원경에 의해 처음 발견되었어요. 성간가스와 우주먼지를 합쳐 성간물질이라고 부릅니다.

성간물질은 모든 곳에 고르게 분포하고 있지 않고 많은 곳과 적은 곳이 있습니다. 성간물질로 인해 성운이 생깁니다. 성운은 우주의 먼지와 티끌이 구름처럼 모여 있는 것이라고 했지요. 성운을 이루고 있는 먼지가 바로 성간물질입니다.

성운은 단지 먼지의 모임이 아니라 별이 탄생하는 중요한 곳입니다. 성운을 이루고 있던 성간물질이 한곳에 뭉치기 시작하면 별이 될 수 있어요. 성운이 뭉쳐 별이 되는 과정을 자세히 알아볼까요?

헬륨

비활성 기체로서 우주에서 수소 다음으로 많은 원소입니다. 화학 원소 중 끓는점이 가장 낮으며 절대 0℃에서 액체로 존재하는 유일한 원소입니다. 놀이동산에서 파는 풍선에 들어가는 기체가 헬륨입니다.

별이 만들어지는 과정

모든 물질 사이에는 서로 당기려고 하는 힘이 있습니다. 지구와 우리 사이에 중력이 작용하는 것과 같은 원리이지요. 이 힘이 만유인력입니다. 만유인력은 서로 가까운 거리에 있을수록 커집니다. 이 만유인력 때문에 성간물질이 점점 뭉치고, 뭉칠수록 거리가 가까워지면서 당기는 힘이 더 세져서 더 빠르게 뭉치게 됩니다. 이렇게 처음 만들어진 별을 '원시별'이라고 합니다.

피겨 스케이팅의 김연아 선수를 알고 있지요? 김연아 선수가 회전하는 모습을 살펴보면 팔을 벌려 예쁜 모습으로 회전할 때보다 손을 가슴 앞으로 모아서 돌 때 속도가 더 빠릅니다. 성간물질이 모여 별을 이룰 때에도 가운데로 모일수록 더 빠르게 회전하게 됩니다. 빠르게 회전하면서 더욱 중심으로 모이겠지요.

따라서 별은 안쪽으로 갈수록 압력이 높습니다. 그리고 점점 더 수축하면서 압력과 온도가 높아집니다. 온도가 점점 올라가 2,000만℃까지 올라가면 그때부터 별에 있던 수소들이 두 개씩 짝을 짓는 핵융합반응이 일어납니다. 수소 두 개가 짝을 지으면 헬륨이 되는데, 그 과정에서 엄청난 에너지가 나옵니다. 이 에너지는 우리 눈에 열과 빛으로 보입니다.

핵융합반응은 폭발 반응이기 때문에 밖으로 튀어나가려는 성질이 있습니다. 그런데 별은 원래 안으로 점점 수축하고 있다고 했지요? 이 수축하려는 힘과 밖으로 나가려는 헬륨 생성 반응 때문에 별은 더 이상 수축하지도 폭발하지도 않는 안정된 상태가 될 수 있답니다.

하지만 성간물질이 뭉쳐진다고 해서 모두 별이 되지는 않습니다. 너무 적게 모이면 온도가 2,000만℃까지 올라가지 못해서 별이 되지 못합니다.

대표적인 예가 목성입니다. 목성은 우리가 사는 지구와 함께 태양계에 속하는 행성이지요. 이 목성은 수소 기체로 이루어져 있지만 온도가 2,000만℃까지 올라가지 못해 별이 아닌 행성으로 남았습니다.

핵융합과 우리 생활

핵융합반응은 수소처럼 철보다 가벼운 원소들 사이에서 일어납니다. 핵융합의 반대가 핵분열인데, 이것은 우리 주변에서 이미 널리 쓰이는 반응입니다. 원자력발전이 바로 핵분열을 이용한 기술입니다. 우라늄이라는 큰 원소가 반으로 쪼개질 때 나오는 에너지를 이용하는 것이 원자력발전입니다.

그런데 핵융합으로 얻을 수 있는 에너지는 핵분열 반응보다 훨씬 많습니다. 적은 양으로 더 많은 에너지를 낼 수 있지요. 또한 핵융합에 사용되는 수소는 물에서 얻을 수 있어서 무한하게 사용할 수 있다는 큰 장점이 있어요.

미국 펜실베이니아 주의 스리마일 섬 원자력발전소.

하지만 핵융합반응은 아직까지는 실생활에서 이용되지 못하고 있습니다. 이유는 너무나 에너지가 많이 나와서 이것을 이용하기 위한 기계를 만들 수가 없기 때문입니다. 핵융합반응은 기계까지 녹여 망가뜨릴 정도로 큰 에너지를 내거든요. 그래서 우리나라를 비롯한 세계에서 핵융합발전을 하기 위한 기계를 만들기 위해 노력하고 있습니다.

 별의 진화

방금 태어난 별을 원시별이라고 했지요? 원시별은 어떻게 변화할까요? 별에서는 수소 두 개가 더해져 헬륨으로 변하는 핵융합반응이 일어나고, 이 반응을 통해 빛을 발합니다. 이렇게 타오르다가 핵융합을 할 수소가 다 떨어져 더 이상 별이 타오르지 못하면, 이 별은 죽습니다.

별의 수명과 핵융합반응

별의 수명은 무엇과 관계가 있을까요? 바로 별의 크기와 무게입니다. 별의 무게가 무겁고 클수록 성간물질이 많이 모여 있다는 증거입니다. 성간물질이 많이 모여 있다는 것은 그만큼 핵반응에 필요한 수소도 많다는 뜻이지요.

하지만 무거운 별일수록 오래 사는 것은 아닙니다. 무거운 별은 수소가 많지만, 더 밝은 빛을 내면서 반응이 빠르게 일어나기 때문에 오히려 더 빨리 수소를 써 버립니다. 그래서 가벼운 별이 적은 수소로 오랜 시간 타면서 더 길게 살 수 있어요.

지구와 가장 가까이에 있는 별인 태양이 가벼운 별의 대표적인 예입니다. 태양은 우리에게 빛과 열을 보내 주고 있어요. 이것은 태양 안에서도 수소 두 개가 합쳐져 헬륨을 만드는 핵융합반응이 일어나고 있기 때문입니

다. 태양은 약 123억 년 동안 탈 수 있다고 합니다. 지금 태양의 나이가 대략 45억 살이므로 앞으로 약 78억 년 동안은 계속 태양이 우리에게 에너지를 줄 수 있어요.

무거운 별의 예로는 시리우스가 있습니다. 이 별은 태양의 2.1배 정도의 질량을 가지고 있고, 수명은 수억 만 년입니다. 100억 년 동안 사는 태양에 비하면 매우 짧은 수명을 가지고 있지요.

별들은 수소를 태우면서 크기가 점점 커집니다. 크기가 커질수록 온도는 조금씩 떨어져요. 이렇게 점점 커지는 상태의 별들을 주계열성이라고 합니다. 그리고 이런 상태를 주계열 상태라고 해요. 대부분의 별은 태어나서 성장하고 있습니다. 따라서 우주에 있는 별의 99%는 주계열 상태에 있다고 볼 수 있어요. 태양도 주계열성의 하나입니다.

쌍성인 시리우스는 질량이 태양의 2.1배이면서도 수명은 태양보다 매우 짧다.

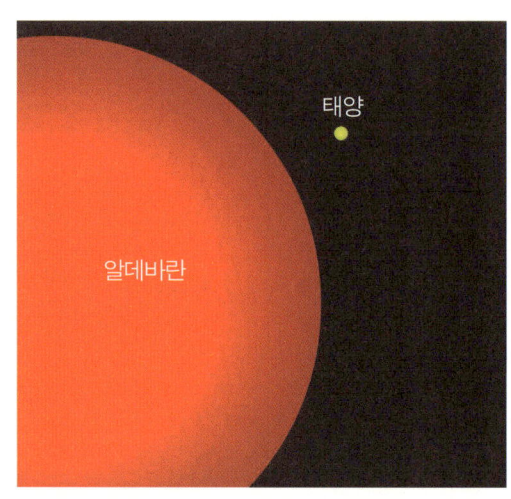

붉은 거성인 알데바란은 태양과 비교도 안 될 정도로 크다.

별들은 질량이 크고 물질이 골고루 퍼져 있을수록 밝게 빛납니다. 우주에는 매우 다양한 크기의 별이 있어요. 별들은 시간이 지날수록 크기가 커지면서 온도는 점점 떨어집니다. 온도가 낮아지면서는 붉은색을 띠게 되지요. 수명이 오래된 별을 붉은 거성이라고 합니다. 붉은 거성은 온도가 낮고 많이 늙었기 때문에 강한 빛을 내뿜지는 못하지만, 크기가 매우 크기 때문에 우리에게 밝게 보입니다.

별의 수축과 새로운 원소

붉은 거성이 될 때까지는 많은 수소가 사용되어 계속해서 반응이 일어나기 때문에 안으로 수축하려는 힘을 이기고 동그란 모양을 유지할 수 있습니다. 하지만 붉은 거성의 시기가 지나고 나면 반응할 수소가 거의 남아 있지 않습니다. 또 수소 두 개가 더해져 헬륨으로 변한 까닭에 더 무거워집니다. 헬륨이 수소보다 무겁기 때문이지요.

무게가 증가하면 안으로 압축되려는 힘이 커지기 때문에 수축도 빨라집니다. 그러면 온도가 높아지는 현상이 일어나고 헬륨들끼리 결합하기 시작해요. 수소가 결합해 만들어진 헬륨들이 서로 붙어서 탄소, 산소 같은 원소들이 생깁니다. 이 과정은 보

규소

원자번호는 14번이며, 원소기호는 Si입니다. 규소는 암석을 이루는 주요 성분으로서 산소에 이어 2위를 차지하며 비율은 27.6%입니다. 벼, 대나무, 속새풀 등을 비롯해 동물의 깃털, 발톱 등에도 들어 있어요.

니켈

원자번호는 28번이며, 원소기호는 Ni입니다. 니켈은 고대부터 사용되었지만 1751년 스웨덴의 한 광물학자가 니콜라이트라는 광물에서 발견했습니다. 니켈이라는 이름은 니콜라이트에서 나왔습니다.

■ 별의 수축과 원소의 배열

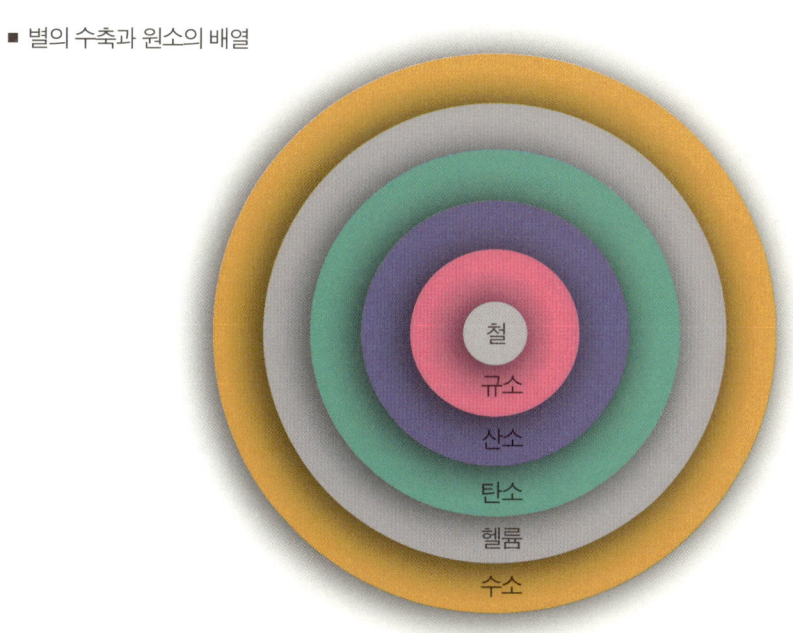

통 모든 별이 겪는 일입니다.

　무거운 별들은 조금 다른 과정을 거칩니다. 산소가 만들어지고 더욱 압축되면서 네온, 나트륨, 마그네슘, 규소, 니켈, 철까지 만들어집니다. 하지만 철보다 무거운 원소는 만들어지지 않아요. 철이 핵융합으로 만들어질 수 있는 가장 큰 원소이기 때문입니다.

　이렇게 만들어진 원소들은 무거운 순서로 별의 가운데부터 배열됩니다. 순서대로 나열해 보면 제일 가운데가 철, 그 다음이 규소, 산소, 탄소, 헬륨, 수소입니다. 마치 양파 껍질처럼 겹겹이 배열되지요.

별의 죽음

스스로 빛을 낼 수 있는 것이 별입니다. 다른 말로 항성이라고 하지요. 그리고 빛을 낼 수 있는 것은 수소의 핵융합 때문입니다. 그렇다면 빛을 낼 수 있는 수소를 다 써 버리고 나서 빛을 내지 못한다면 그 별은 죽었다고 할 수 있겠지요? 이렇게 수소가 없어서 핵융합반응을 하지 못하게 된 별은 안쪽으로 압축됩니다. 이것이 바로 별의 죽음이에요. 그런데 모든 별이 똑같은 과정을 거쳐 죽는 것이 아니라 질량에 따라 다른 형태로 죽습니다. 별이 죽는 과정을 세 종류로 나누어서 살펴봅시다.

태양 질량의 3배 이하인 별의 죽음

우선, 태양 질량의 3배 이하인 별들은 어떻게 죽을까요? 태양의 질량보다 작은 별은 붉은 거성 단계에서부터 반응이 아주 천천히 일어납니다. 수소가 점점 사라지면서 별은 더욱 수축해요. 이렇게 된 별을 백색왜성이라고 합니다. 백색왜성의 크기는 지구 정도이고, 표면 온도가 높습니다. 이 별은 수축된 상태이기 때문에 물질들이 매우 빽빽하게 배열되어 있습니다.

프리드리히 베셀
Friedrich Bessel, 1784~1846

독일의 천문학자이자 수학자입니다. 별 목록을 만들었으며 천왕성 바깥에 행성이 있다고 예언했지요. 또한 항성의 위치를 정확하게 관측할 정도로 천문학의 수준을 끌어올렸으며 백색왜성을 발견했습니다.

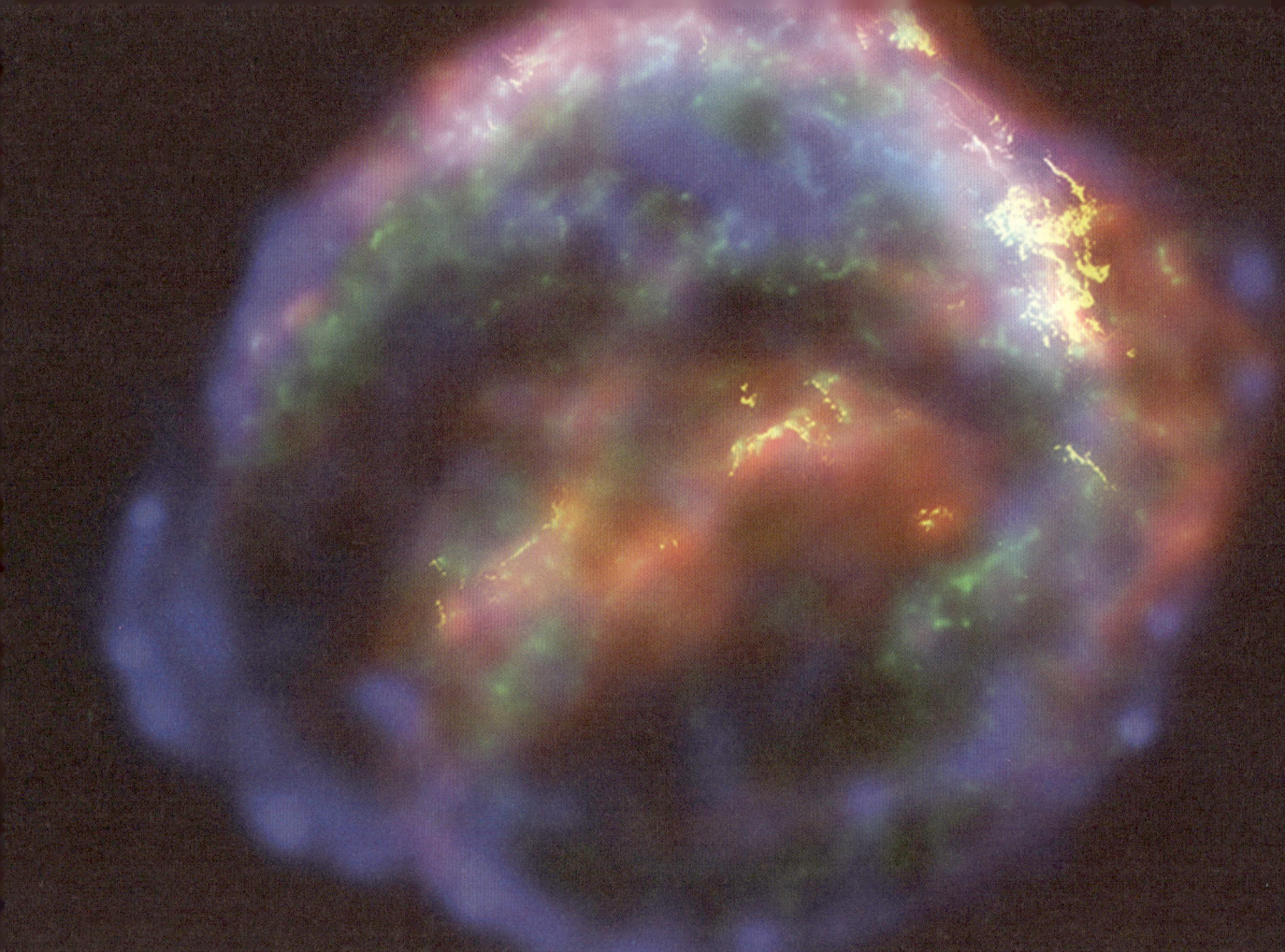

케플러 초신성(SN 1604)의 잔해.

    이 백색왜성은 처음 1844년 독일의 천문학자 베셀이 발견했어요. 시리우스라는 별을 관찰하던 중에 어느 별의 움직임이 이상한 것을 보고 의문을 품었어요. 그 후 1862년 미국의 망원경 제작자 앨번 클라크가 시리우스 옆에서 매우 어두운 별을 관찰했습니다. 이것이 바로 최초로 발견된 백색왜성으로서, 우리가 시리우스 B라고 부르는 시리우스의 짝별입니다. 지금은 수백 개의 백색왜성이 관찰되고 있어요.

중성자별은 중력이 아주 크고 빠르게 회전한다.

태양보다 5~15배 질량이 큰 별의 죽음

이 별들은 핵융합을 할 수소가 다 없어지고 나면 수소 핵융합 결과로 만들어진 헬륨들이 핵융합을 하게 됩니다. 헬륨이 핵융합을 하면서 탄소가 만들어지지요. 탄소를 시작으로 철까지 만들어지면 철은 핵융합을 하지 않으므로 융합 반응이 멈춥니다. 반응이 멈추면 별은 중력 때문에 빠른 속도로 가운데를 향해 수축해요. 하지만 너무 빠르게 수축하기 때문에 바깥쪽에 있던 물질은 미처 다 수축되지 못하고 우주로 날아가 버립니다. 이것을 초신성 폭발이라고 부르고, 이 상태의 별을 초신성이라고 합니다.

1987년 '초신성 1987A'가 관측되었습니다. 이 별은 원래 어두운 별이었지만 2개월 동안 3등급으로 밝아졌어요. 초신성 폭발이 일어나 밝게 보인 것입니다.

그렇다면 초신성이 폭발하면 그 별은 영영 사라져 버릴까요? 아닙니다. 초신성 폭발하고 나면 그 안의 물질이 중성자라고 불리는, (+)극도 (-)극도 띠지 않는 상태로 변합니다. 이것을 중성자별이라고 해요.

중성자별은 크기가 백색왜성보다 수백 배 작고 중력이 아주 크며 매우 빠르게 회전합니다. 1초에 1회 이상 자전하지요. 자전하면서 주변에 전기를 띤 입자들이 달라붙게 되고, 그 입자들이 서로 부딪히면서 '펄서'라고 불리는 전파를 내보냅니다. 옛날에는 이 전파를 외계인이 보내는 신호라고 생각했지만, 중성자별에서 나오는 것임이 밝혀졌답니다.

태양보다 15배 이상 큰 별들의 죽음

태양보다 15배 이상 질량이 큰 별은 초신성 폭발이 끝나면 더욱 수축하여 거의 한 점에 모든 질량이 모여 있는 상태가 됩니다. 이렇게 한 점으로 뭉쳐 엄청나게 큰 중력을 가진 것을 블랙홀이라고 합니다. 블랙홀에 대해서는 5장에서 좀 더 자세히 알아보아요.

태양의 죽음

태양도 죽는다는 사실을 알고 있나요? 태양도 별이기 때문에 언젠가는 사라지고 맙니다. 현재 태양의 나이는 45억 살 정도이고, 앞으로 남은 수명은 78억 년 정도입니다. 78억 년이나 태양이 더 살 테니 여러분이 살아 있는 동안 태양이 사라질 일은 없을 거예요. 하지만 지구의 모든 에너지의 근원이 되는 태양이 언젠가 죽는다는 사실을 알게 된 이상 이에 대해 좀 더 알아 둘 필요가 있겠지요?

25억 년 후, 70억 살쯤 되었을 때 태양의 상태가 변합니다. 수소 핵융합반응이 계속 진행된 상태일 테니 헬륨이 늘어나 있을 것입니다. 그렇게 되면 상태가 불안정해지면서 더 많은 빛과 열을 내게 돼요.

태양 안에 헬륨이 많아져 상태가 불안정해지면 지구에 사는 우리에게는 어떤 영향을 미칠까요? 과학자들은 지구에 오는 빛과 열도 많아져 생명이 살지 못하게 되리라 예측하고 있습니다. 25억 년 후에는 이 지구에 동물과 식물은 물론 사람의 후손도 살지 못할 수 있다는 뜻입니다.

태양은 무게가 적게 나가는 별에 속하기 때문에 처음에는 붉은 거성으로 변할 것입니다. 그러다가 시간이 더 지나면 온도는 낮지만 크기가 매우 커지고, 95억 살쯤에는 백색왜성으로 변하겠지요. 그 뒤 123억 살이 되면 빛을 완전히 내지 못하게 될 것입니다. 태양도 다른 별처럼 죽음을 맞이하게 되는 것입니다.

태양이 언젠가 죽는다는 사실을 기억한다면, 매일같이 뜨는 태양이 새롭게 보일 거예요.

> 태양아, 수소를 더 아껴 써서 좀 더 오래 살아 줘.

문제 1 별은 어떤 과정을 거쳐 만들어지나요?

문제 2 별도 태어나서 성장하고 늙어 죽습니다. 별의 수명은 무엇과 관련이 있나요?

더 많은 수소를 써서 빨리 죽게 됩니다. 그래서 크기, 밝기가 태양의 백 배가 넘는 초거성은 수소를 다 쓰고 시간 동안
서 더 오래 살 수 있습니다. 태양의 밝기 거대한 별일수록 수소를 더 빨리 태워
3. 태양의 나이는 지금 45억 년이고, 앞으로 78억 년 정도 더 살아간다. 하지만 모든 별이 기간 동안
지금처럼 안정적일 수 있습니다. 25억 년 쯤 뒤 수소가 모두 없어질 때부터 태양에
수축운동을 생기 팽창과 수축운동을 반복하면서 더 뜨거워지고 커다란 별로 대폭 팽
창할 것입니다. 그 후에 태양계에 팽창된 성운이 많아지고 보기 운동하게 될 것입니다.

문제 3 태양의 수명은 얼마나 될까요?

정답

1. 아기에서 어른이 되는 사람처럼 태양도 변화를 겪고 있습니다. 우주의 공간에는 성간물질이라는 것이 있는데, 이것이 중력작용에 의해 모입니다. 모여지면서 중심부의 온도가 올라갑니다. 대략 중심부 온도가 1,000만K가 넘어가서 2,000만K가 되면 핵융합 반응이 시작되고, 태양과 같은 별이 탄생하게 됩니다.

2. 별의 수명은 별의 크기, 무게에 관계됩니다. 별이 무거워 크기가 크고 밝기가 밝을수록 상간물질이 많이 모여 더 큰 규모의 핵융합 반응을 할 수 있다고 생각되지만 사실은 반대입니다. 이것은 그만큼 수소를 해소하는 양도 많아 별의 수명이 짧아지기 때문에 별이 무거울수록 수명이 더 짧습니다. 더 밝은 별일수록 태양의 대략 100억년 정도입니다.

관련 교과
초등 5학년 1학기 1. 지구와 달
초등 5학년 2학기 7. 태양의 가족
중학교 2학년 6. 태양계, 8. 별과 우주

5. 블랙홀

우주 이야기를 하다 보면 블랙홀 이야기가 빠질 수 없습니다. 블랙홀이 무엇인지 제대로 아는 사람은 별로 없지만, 우주에 있는 커다란 구멍으로 모든 물체들을 빨아들이는 천체라는 정도는 많은 사람이 알고 있어요. 이 블랙홀이 도대체 무엇인지 지금부터 자세히 알아보아요.

신비한 블랙홀

블랙홀의 개념

태양보다 질량이 15배 이상 큰 별들이 죽으면 블랙홀이 됩니다. 초신성 폭발이 이루어진 뒤 크지 않은 별들은 중성자별과 같은 형태로 남지만 큰 별은 더 큰 힘으로 수축하게 됩니다. 어떤 하나의 점으로 갑자기 수축하게 되면 이것을 블랙홀이라고 불러요. 어떤 하나의 점이란 무한의 점입니다. 크기는 없지만 매우 많은 물질이 응축되어 있어 밀도가 굉장히 높습니다. 이 점을 가리켜 특이점이라고도 합니다. 중성자별 단계에서 블랙홀로 변하는 데 걸리는 시간은 1초도 안 걸리는 아주 빠른 속도입니다.

블랙홀은 눈으로 볼 수 없어요

블랙홀의 중력은 매우 강합니다. 한 점으로 물질들이 수축되어 있어서 그 점에서 뿜어져 나오는 중력은 엄청나게 강하지요. 이 중력은 빛도 빨아들일 만큼 큰 힘입니다. 빛까지 다 빨아들이면 우리가 이 블랙홀을 볼 수 있을까요? 우리가 물체를 보는 것은 그 물체가 뿜어내는, 혹은 그 물체가 반사한 빛

광학망원경

빛이 굴절되는 현상을 이용하여 생물의 조직이나 아주 작은 세균 따위를 확대해 관찰하는 장치입니다. 유리로 만든 대물렌즈와 접안렌즈를 사용합니다.

자외선망원경

눈으로 볼 수 있는 영역 근처의 짧은 파장을 관측하는 데에 사용되는 망원경입니다. 빛을 되비추어 빛의 방향을 바꾸는 반사경을 빛을 모으는 장치로 사용합니다.

1960년대 러시아의 물리학자들은 블랙홀을 얼어붙은 별이라고 불렀다.

이 우리 눈으로 들어와야 이루어질 수 있습니다. 하지만 블랙홀에서는 빛이 나오지 않으므로 보이지 않아요.

블랙홀은 우리가 사용할 수 있는 망원경으로도 확인할 수 없습니다. 광학망원경은 빛을 이용해 관찰하는 것이기 때문에 당연히 불가능하고, 자외선망원경, 적외선망원경뿐 아니라 전파망원경도 소용이 없습니다. 그렇다면 어떻게 블랙홀이 있는지 확인할 수 있었을까요?

적외선망원경

적외선 영역의 빛을 관측하는 망원경입니다. 적외선은 지구의 대기권에 있는 수증기에 쉽게 흡수되는데 대부분의 수증기는 해수면 근처인 대기의 아랫부분에 있습니다. 그러므로 적외선망원경은 높은 산에 설치해야 해요.

전파망원경

우주 공간에 있는 천체에서 방출되는 전파를 관측하기 위한 모든 장치를 이르는 말입니다. 광학망원경보다 전파를 방출하는 천체를 더 정확하게 측정할 수 있습니다.

블랙홀을 추측해요

블랙홀은 관찰이 아닌 추측으로 알 수 있습니다. 지구는 태양을 중심으로 공전하고 있어요. 만약 태양이 없다면 이 공전운동은 어떻게 될까요? 달은 지구 주위를 돌고 있어요. 지구가 없다면 이 운동은 가능할까요? 공전이 이루어지기 위해서는 기준이 되는 힘을 가진 어떤 물체가 필요합니다. 지구와 태양의 경우는 우리가 눈으로 확인할 수 있는 물체이지만, 만약 아무것도 없는데 어떤 행성이나 별이 일정하게 돌고 있다면 그 현상을 어떻게 이해해야 할까요? 가운데에 힘을 가진 무언가가 있고 그것이 바로 블랙홀이리라 생각한 것입니다. 이와 같이 주변 별들의 움직임을 조사해서 블랙홀의 존재와 위치를 추측해 냈습니다.

하지만 이것은 단지 추측이기 때문에 정확하다고 할 수는 없습니다. 이

러렇게 추측으로만 판단하는 것은 블랙홀뿐만이 아니기 때문이지요. 앞서 배운 중성자별과 백색왜성도 빛을 내지 않아 우리가 잘 관찰할 수 없어요. 별이 블랙홀이 아닌 중성자별이나 백색왜성의 주위를 공전하고 있는지도 모를 일입니다. 그래서 과학자들은 어떻게 하면 블랙홀의 존재와 위치를 더 정확히 알 수 있는지 여러 가지 방법을 연구하고 고민했습니다. 그러던 중에 '우후루'라는 인공위성이 발사되면서 많은 변화가 일어났어요.

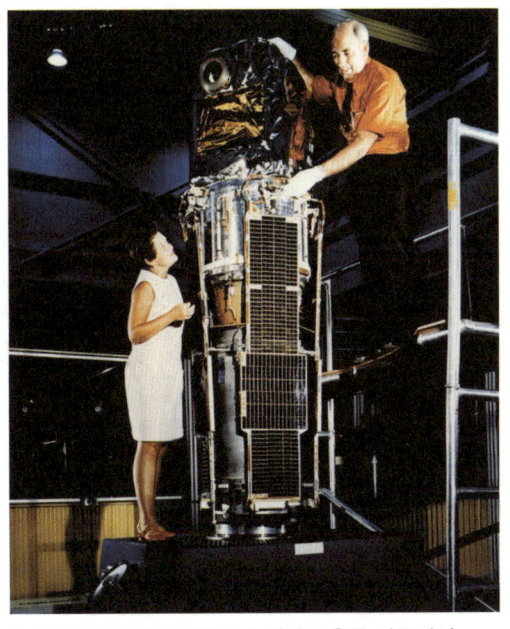

X선 우주망원경의 역할을 수행한 우후루 인공위성.

블랙홀을 관측한 우후루

우후루는 1970년에 발사된 인공위성입니다. 인공위성이란 우주에 떠 있으면서 지구로 우주의 정보를 보내 주는 장치입니다. 우후루는 그중에서도 X선을 관측해 지구로 보내 주었습니다. 이 인공위성은 아프리카 케냐의 산마르코에서 발사되었어요. 굳이 이곳에서 발사한 이유는 위치 때문입니다. 지구는 공 모양이므로 적도 쪽이 가장 자전 속도가 빠르며, 케냐는 적도 쪽에서도 가장 자전 속도가 빠른 곳으로 인공위성을 발사할 때 그 속도를 이용할 수 있었습니다.

적도

지구의 좌표축 가운데 가로축인 위도의 기준입니다. 위도 0°의 선에 해당하지요. 지리적으로는 위도 0°의 선이 지나는 지역을 말하기도 합니다. 지구의 적도반지름은 6,378.4km로, 남북극 방향의 극반지름보다 약 21km 깁니다.

    인공위성 발사 날짜와 우후루라는 이름은 케냐 사람들이 정했습니다. 발사일은 독립기념일로 정하고 이름은 '자유'라는 뜻의 스와힐리어로 정한 것입니다. 우후루는 1년 동안 우리에게 정보를 전해 주도록 만들어졌지만, 무려 3년 동안이나 이 역할을 해냈습니다. 천문학의 발달에 우후루 인공위성이 미친 영향은 매우 큽니다.

X선과 블랙홀

    우후루가 관측한 X선과 블랙홀은 무슨 관계일까요? 블랙홀은 일정하지 않은 간격으로 X선을 내보냅니다. X선이 A라는 상태로 우리에게 관측된 후 그다음 A라는 상태가 관측되기까지 걸리는 시간이 일정하지 않아요. X선이 나오는 간격이 일정하지 않고 마구잡이로 나오는 것이 블랙홀의 특징입니다. 중성자별도 자전하면서 펄서라는 전파를 내보낸다고 했었지요?

백조자리 X-1은 블랙홀일 가능성이 가장 높은 별이다.

그래서 불규칙적인 주기를 가진 X선을 관측해도 블랙홀일지 중성자별일지 확인할 수 없었습니다.

하지만 질량을 계산해 보면 중성자별과 블랙홀을 구분할 수 있습니다. 중성자별은 태양의 세 배 이상의 질량을 가질 수 없다는 이론을 적용하는 것이지요. 태양의 질량과 비교했을 때 세 배 이상 크다면 이것을 블랙홀이라 생각하면 됩니다.

백조자리 X-1

'백조자리 X-1'은 블랙홀로 추정되는 별 가운데 가장 블랙홀일 가능성이 높은 별입니다. 우후루가 발사되기 전에도 X선을 내보낸다는 것은 알 수 있었지만 규칙적으로 X선이 나오는지 불규칙적으로 나오는지까지는 정확히 알 수 없었지요. 그러나 우후루에서 보내 준 정보로 꼼꼼히 분석한 결과 불규칙한 전파를 내보낸다는 사실을 알게 되었습니다. 이 사실을 근거로 블랙홀일 확률이 더 높아졌습니다.

확실히 "이것은 블랙홀이다."라고 정하기 위해서는 태양보다 질량이 얼마나 큰지 알아야 합니다. 과학자들이 백조자리 X-1의 질량을 계산해 보았더니 태양보다 5~8배 정도 큰 것으로 나타났습니다. 하지만 질량은 계산으로 추측하는 것이기 때문에 확실히 장담할 수는 없었지요. 다행히 그 후에 감마선이 포착되면서 백조자리 X-1이 블랙홀임이 거의 확실해졌습니다.

감마선을 포착하게 된 것은 1977년부터 2년간 인공위성 세 대가 발사되었을 때입니다. 이때 발사된 인공위성을 '천체물리학 관측대'라고 불러요. 중성자별은 감마선을 방출하지 않지만, 블랙홀은 감마선을 방출한다는 사실이 밝혀졌고, 천체물리학 관측대에서 백조자리 X-1에서 나오는 감마선을 잡아냈습니다. 이러한 사실들을 바탕으로 지금은 백조자리 X-1이 95% 이상 블랙홀이라고 확신하고 있습니다.

블랙홀의 종류

질량이 태양보다 15배 이상 큰 별이 죽어서 어떤 하나의 점으로 수축하면 블랙홀이 된다고 배웠습니다. 하지만 반드시 별이 죽어야만 블랙홀이 만들어지지는 않습니다. 블랙홀의 종류도 여러 가지입니다. 크기를 기준으로 두 가지 경우를 살펴볼까요?

대부분의 은하 중심에는 블랙홀이 있습니다. 이 블랙홀은 별이 변해서 만들어졌다고 하기에는 매우 엄청난 크기입니다. 우리은하만 해도 태양 질량의 300만 배 무게의 블랙홀을 가지고 있습니다. 태양보다 300배 무겁다고 하니 짐작이나 되나요? 하지만 우리은하의 중심에 있는 블랙홀의 크기는 다른 은하의 블랙홀에 비하면 아무것도 아닙니다. 어떤 은하의 경우 태양 질량의 1억 배가 넘는 블랙홀도 있다고 해요.

이렇게 큰 블랙홀이 있는가 하면, 아주 작은 블랙홀도 있으리라 추측됩니다. 입자가 서로 충돌해서 매우 작은 블랙홀이 만들어졌다고 보고 있어요. 하지만 크기가 작은 만큼 이 블랙홀은 만들어지자마자 사라진다고 합니다.

블랙홀은 우리가 직접 다가가서 조사할 수 없기 때문에 확실히 밝혀진 것이 아니라 과학자들의 추측일 뿐입니다. 앞으로 과학 기술이 더욱 발전할수록 블랙홀이 생기는 이유, 만들어지는 과정, 블랙홀의 종류 등이 더 많이 밝혀질 것입니다.

블랙홀.

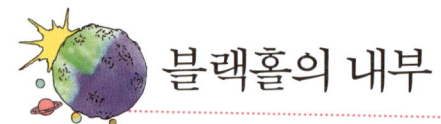# 블랙홀의 내부

블랙홀은 모든 물질을 빨아들입니다. 빛까지 빨아들이지요. 그렇기 때문에 우리가 블랙홀 근처에 가게 된다면 분명히 휙 하고 빨려 들어가게 될 것입니다. 하지만 어느 경계선을 넘으면 빨려 들어가고, 그 선을 넘기 전에는 빨려 들어가지 않을 것입니다. 만약 그 경계선이 없다면 우리도 이미 블랙홀로 빨려 들어갔을 테지요.

블랙홀과 빛의 경로

블랙홀의 경계선에 가까이 가지 않고 빛을 쏜다고 생각해 보세요. 블랙홀 쪽으로 비스듬히 빛을 쏘면 빛은 직진하는 성질이 있기 때문에 앞으로 뻗어 나가게 됩니다. 하지만 블랙홀은 엄청난 힘으로 모든 물질을 끌어당깁니다. 따라서 빛은 직선으로 날아가지 못하고 휘고 말아요. 휜 빛은 나선형 경로를 그리면서 블랙홀로 빨려들게 될 것입니다.

블랙홀과 소리

블랙홀에 접근하면 사람의 목소리는 어떻게 변할까요? 우주선을 타고 우주로 날아가고 있다고 생각해 보세요. 블랙홀에 다가갈수록 블랙홀의 힘을 점점 받게 될 것입니다. 그러면서 소리는 점점 늘어지게 돼요. "야호!"

라고 소리를 지르면 블랙홀에 다가갈수록 '야아아호!', 더 다가가면 '야아아아아아호오오오오오!' 이렇게 들립니다. 마치 동영상을 느리게 재생하는 것처럼 말이지요. 하지만 블랙홀로 빨려 들어가는 경계선을 넘어서면 블랙홀이 잡아당기는 힘 때문에 소리가 밖으로 나올 수 없습니다. 작은 소리 하나도 밖으로 나오지 않게 됩니다.

블랙홀과 불빛의 색

불빛의 색은 블랙홀 근처에서 어떻게 변할까요? 우리가 보는 색이 모두 다른 것은 파장의 차이 때문입니다. 파장이란 빛이 물결치듯 흔들리는 것을 말해요. 파도가 출렁이며 나아가듯 빛도 마찬가지입니다. 빛의 출렁이는 모습이 촘촘하면 파장이 짧은 것이고, 느슨하면 길다고 할 수 있습니다.

■ 파장에 따른 빛의 종류

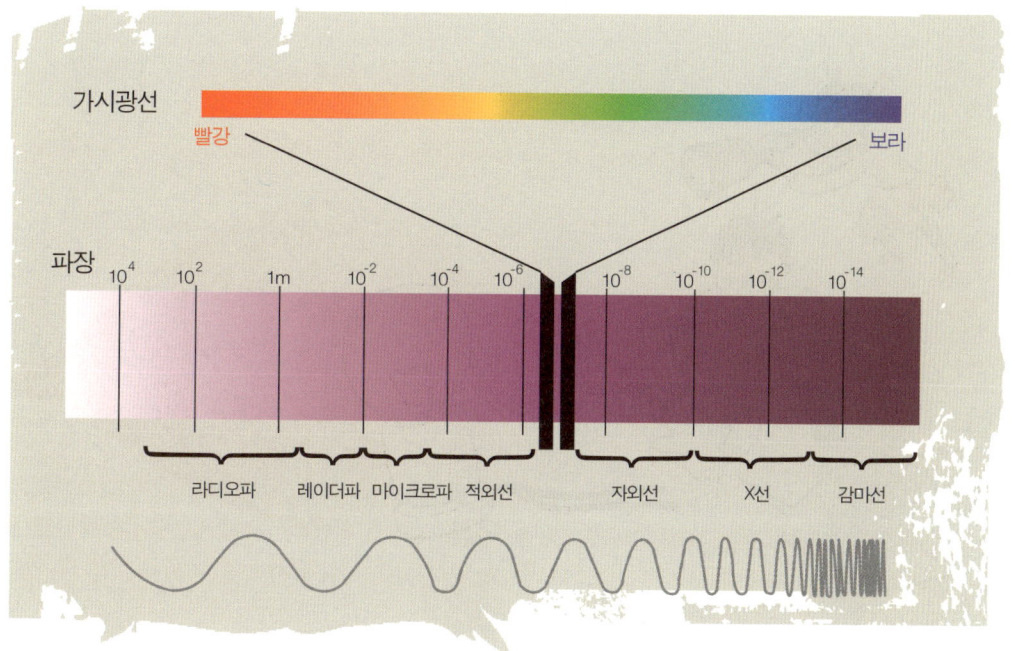

이런 여러 길이의 파장이 섞여 빛이 되는 것입니다. 파장은 우리가 볼 수 없는 자외선과 적외선에도 있고, 눈에 보이는 가시광선에도 여러 가지 길이의 파장이 섞여 있습니다.

무지개색은 '빨, 주, 노, 초, 파, 남, 보'인 것 알고 있지요? 빨간색에서 보라색으로 갈수록 파장이 짧아집니다.

전구의 빛은 블랙홀로 들어가기 전에는 노란빛을 띱니다. 노란색은 중간 정도 길이의 파장을 가지고 있습니다. 하지만 블랙홀로 점점 다가갈수록 앞쪽이 빠르게 끌려 들어가게 됩니다. 스프링을 힘으로 당기면 촘촘하던 스프링이 느슨해지요? 이처럼 앞에서 블랙홀이 당겨 주면 파장이 길어지는 효과가 나타납니다. 그러면 불빛은 긴 파장의 색을 띠게 됩니다. 노란색이었던 빛이 처음엔 주황색으로 변하고, 더 가까워지면 빨간색으로 변해요. 그 후 파장이 점점 커지다가 너무 커지면 우리가 볼 수 없는 파장으로

블랙홀에 가까운 쪽은 붉게 변하게 되지.

변합니다. 적외선이나 자외선처럼 존재하지만 우리 눈으로 볼 수 없는 파장이 되지요. 그러다 한계선을 넘으면 결국 블랙홀로 빨려 들어가게 됩니다.

블랙홀 근처에서 빛의 밝기는 어떻게 변할까요? 블랙홀로 다가갈수록 빛은 계속 블랙홀로 빨려 들어가기 때문에 빛은 점점 약해집니다. 가까워지면 가까워질수록 점점 불빛이 어두워지겠지요. 그러다가 경계선을 넘으면 전구의 불빛은 모두 다 빨려 들어가 아주 사라져 버립니다.

블랙홀과 사람

마지막으로 가장 궁금한 것은 사람이 블랙홀에 들어가면 어떻게 될까입니다. 자석은 철을 당기는 성질이 있습니다. 자석에 철을 가까이 가져다 대면 자석으로 철이 끌려와요. 블랙홀도 자석이 철을 당기듯이 모든 물체를

블랙홀로 들어가면 부위마다 중력을 차이 나게 받는 차등중력 효과가 나타난다.

끌어당깁니다. 또한 자석이 가까울수록 철을 더 빠르고 세게 당기듯이 블랙홀에 가까울수록 당기는 힘이 셉니다.

사람은 세로로 길쭉하게 생겼습니다. 따라서 발부터 블랙홀로 들어간다면 다리 쪽은 블랙홀에 더 가까우므로 훨씬 많이 늘어나게 되고, 머리 쪽은 조금 덜 늘어납니다. 이와 같은 현상을 차등중력 효과라고 합니다. 중력을 똑같이 받는 것이 아니라 부위마다 차이 나게 받는다는 뜻입니다. 차등중력 효과를 받으면서 점점 블랙홀로 다가가다 보면 사람의 몸이 늘어나다 결국에는 분해되고 말 것입니다.

한가지 궁금한 점은, 지구에도 중력이 있는데 우리는 왜 차등중력 효과를 받지 않을까요? 우리 몸은 다리 부분이 아주 길어져야 하지 않을까요? 지구의 중력은 블랙홀의 중력에 비하면 매우 작은 힘입니다. 따라서 차등중력 효과가 있는데도 우리가 느끼지 못할 뿐입니다.

화이트홀과 웜홀

화이트홀은 블랙홀의 반대 개념입니다. 블랙홀이 모든 것을 빨아들인다면, 화이트홀은 빨아들인 것을 전부 밖으로 분출합니다. 과학자들은 아마도 화이트홀로 나가게 되면 현재의 우주와는 또 다른 우주가 있지 않을까 추측하고 있어요. 하지만 화이트홀의 수명은 매우 짧으리라 예상됩니다. 화이트홀에서는 에너지가 증가하면서 순식간에 다시 블랙홀로 바뀌기 때문입니다. 모든 것을 빨아들이는 블랙홀이 있다면 그 반대 세계가 있으리라는 예상에서 나온 것이 화이트홀이지요. 그러나 아직 이론으로만 존재할 뿐 증명되지는 않은 천체입니다.

그러면 웜홀은 무엇일까요? 블랙홀과 화이트홀을 연결하는 통로입니다. 블랙홀과 화이트홀을 연결하기 위해서는 이 웜홀이 필요하고, 웜홀을 통과함으로써 시간과 공간을 초월하게 됩니다.

두 개의 시공간을 잇는 웜홀의 이미지. ⓒ CorvinZahn@the Wikimedia Commons

🧑 **문제 1** 블랙홀은 어떻게 만들어지나요?

_____
_____
_____
_____

🧑 **문제 2** 블랙홀일 가능성이 높은 별은 무엇인가요?

_____
_____
_____
_____

3. 사람들은 새로운 질문을 생각합니다. 대기가 없어서 별빛을 더 잘 볼 수 있다면 블랙홀을 아이디어로부터 블랙홀을 찾아냈습니다. 우주에 블랙홀이 많이 숨어 있다는 것입니다. 이런 곳은 아무리 밝아지면 빛이 달아날 수가 없습니다. 자신조차도 보이지 않게 됩니다. 그래서 눈에 보이지 않지만 주변의 별들을 끌어당기기 때문에 별들이 이상하게 움직이는 곳에는 숨어 있는 블랙홀이 있을 말 알게 된 것입니다.

4. 블랙홀을 발견하는 방법이 개발됩니다. 블랙홀이 모든 것을 빨아들인다면, 블랙홀 근처의 것들 바로 블랙홀 근처라는 것입니다. 과학자들은 지금 우주에 있지 우주에 블랙홀인 블랙홀 후보들을 찾아냈습니다. 그리고 또 다른 우주의 유력한 후보로는 다른 별들을 빨아들이고 있는 곳입니다. 그래서 공통점이 있어요. 그리고 은하의 중심에도 아이디어를 찾아내는 방법들이 동원됩니다.

문제 3 사람이 블랙홀에 빨려 들어가면 어떻게 모습이 변하나요?

문제 4 우주에는 블랙홀 외에도 화이트홀과 웜홀이 있습니다. 화이트홀과 웜홀은 무엇인가요?

정답

1. 블랙홀보다 태양보다 질량이 15배 이상 더 큰 별이 폭발없이 만들어집니다. 중심신이 안들어져서 이렇게 어두 우며 중성자보다 질량 한계를 넘어선 무거운 별이 끝에 빛이 더 이상 수축하려고 합니다. 크기가 수축하여 검은 블랙홀이 만들어집니다.

2. 블랙홀이 방출하고 탐지할 수 있는 빛은 없습니다. 단지 빠르기로 X-선 블랙홀의 가능성이 가장 높은 별입니다. 블랙홀과 태양보다 질량이 세 배 이상 되어야 만들어 빠르기로 X-선 강한게 방출 됩니다. 블랙홀은 보통 쌍성계에서 강한 X-선이 발견되는데, 이 별은 강하지도 약하지도 않습니다. 쌍성계로 강한 조금 5~8배 정도 큽니다. 이 별은 은하의 많은 량 대기 때문에 95% 이상 블랙홀이라고 생각되고 있습니다.